跟著圖書館去旅行

洪敦明 著

全台**23**個特色圖書館
╳
玩出閱讀素養
╳
成就自主學習

為什麼要展開圖書館之旅　*018*

旅程開始之前的行前檢查

介紹如何事先準備圖書館旅行的計劃和行程，包括選擇適合的圖書館、確定旅行時間、瞭解圖書館活動等，提供一些實用的準備技巧和注意事項。

貓頭鷹爸爸的圖書館教養課　*056*

那些年一起閱讀的日子成為資產

數位時代的閱讀不僅僅是「讀了」，還要能「理解」，並轉化成「思考、判斷、解決問題的能力」，從共讀過程中可以不斷調整你與孩子的關係、孩子與書之間的關係。

跟著圖書館去旅行 *102*

全臺特色圖書館介紹

介紹臺灣各地的特色圖書館、收藏、閱讀空間與活動資訊等，並提供館內與外觀照片、基礎資訊（開館時間、地址、電話、延伸景點等），協助家長瞭解如何在圖書館中為孩子找到適合的閱讀起點，搭配圖書館以外的延伸景點，讓家長安排親子閱讀或家庭旅行時光。

北部

中部

回家後的延伸學習 *198*

給予孩子自主學習的空間

提供一些從圖書館返家後延伸學習的方式和方法，包括將圖書館中的資源應用到日常生活中，激發孩子們的創造力和想象力，並讓家長和孩子們進一步鞏固在圖書館旅行中學到的知識和技能。

數位世代中的親子知性之旅

—— 陳明蕾　清華大學柯華葳閱讀研究與教育中心主任

　　圖書館，是點亮人類文明史的重要里程碑。從昔日僅供菁英享用的學問寶庫，演變為今日人人皆可自由進入的知識園地。在臺灣，無論貧富、身分高低，每個人都能沐浴在知識的滋養中，展開一場豐富多彩的探索之旅。

　　如今，我們生活在這個充滿機遇和挑戰的數位世代。閱讀的形式和方式正在經歷劇變，各式數位工具猶如現代魔法書籍，讓閱讀的無窮可能變得觸手可及。

　　然而，在 AI 世代的洪流中，不少家長或許感到迷茫和焦慮，也正因如此，我們更需要有智慧的引導，還好，有《跟著圖書館去旅行》這本書。書中的敦明爸爸分享了他的育兒體悟，他的反思將引領你放下無謂的教育軍備競賽，轉而關注孩子生命的真實需求。正如耶穌所言，聰明人總是會選擇將把簡樸的房子蓋在磐石上，勝過將華麗的房子蓋在沙土上。

　　敦明和我因閱讀而相識。促進國際閱讀素養研究（PIRLS）臺灣計畫前主持人柯華葳教授仍在世的時候，我常常聽到柯老師提起敦明；有時，是因為我們一起到國立公共資訊圖書館開會，有時則是在閱讀研究論壇，柯老師常常提起的是，敦明如何在不同身分上，嘗試去讓閱讀在臺灣的各

個角落紮根發芽。

　　《跟著圖書館去旅行》不僅是敦明爸爸和孩子們一起啟程的知性之旅，也是讓親子關係有了新典範的探險之旅。從娓娓道來的行前準備，到依孩子閱讀發展貼心調整的各種儀式分享，讓親子共讀有了全新的關係，不再只是功績主義式的閱讀成就，而是親子間的生命共好。而旅途中的每個圖書館都有其獨特的魅力，等待我們去發掘。

　　當你拿起這本書，也許，你已經像敦明爸爸一樣，已然展開親子關係的奇妙旅程，那麼這本書的第三章，會是你很好的索引；跟著這本書的文字，你會看到每個圖書館獨特的生命力。如果，你剛好想要重建屬於你與孩子之間的關係，那麼第一章與第二章的文字，可以成為你按圖索驥的鷹架。第四章是家長們放手讓孩子展開自主飛翔的起點，這本書的每個小章節，都能獨立述說完整的論點，讓數位世代裡忙碌的父母都能量力而為。

　　閱讀之旅，將是每個孩子生命中最豐盛的生命之旅。期待有更多的孩子，因這本書而能有人為他們開啟這趟美好的圖書館之旅。

遇見圖書館館員到父親的心靈之旅

—— 馬湘萍　國立公共資訊圖書館館長

敦明從圖書館館員的專業觀點和父親的親身經歷出發，滿懷著對閱讀和圖書館的熱愛和執著，撰寫了這本書。不斷在圖書館與家庭角色之間切換的他，深刻理解閱讀在塑造人生中的價值，並且明白做為一名父親，他對子女的影響力有多麼重要。閱讀之於教養，已不只是重要，而是必然的一環。

這本書將閱讀和旅行自然地融入家庭生活，讓家長在陪伴孩子成長的過程中，也豐富自己的生命經歷。可以讓圖書館之旅不僅是一趟探索旅程，更是連結親子心靈的暖心之旅。

讓人工智慧都難以複製的探索力

—— 張天立　讀冊生活 + 博客來 × 創辦人

在這充滿科技的時代裡，我們常常忽略了一個重要的事實：問題才是知識的起點。無法走出有限的知識體系，就成了被大數據餵養成在同溫層裡的燕雀。唯有以旅行和閱讀打開未知領域，孩子們才能學會如何提出獨特的問題，有如鴻鵠般以好奇心探索未知世界，正是這本書所給予讓人工智慧都難以複製的探索力。

父愛的智慧：圖書館裡的親子共讀之旅

—— 張淑瓊　童書推廣人 × 繪本領讀人

這是一本少見的親子共讀分享書，從父親的角度撰寫。敦明厚實的經歷在在展現在書中，有閱讀專業和推廣實務，加上多年圖書館工作的資訊連結能力，與親子互動的感性思索。種種經驗堆疊加乘，訊息多元豐厚，讀來又溫暖真誠，是本理性感性兼具的共讀好書。

與孩子共享無窮資產，讓閱讀引領人生之旅

—— 陳昭珍教授　全國圖書教師輔導團召集人

《去書店買個好人生》是日本作家千田琢哉的作品，我一眼就被這個書名吸引，因為我的大學生活費就是花在重慶南路的書店，當時買的那些書、看的那些書，確實豐富了我的心靈；但真正震撼到我，且擴大我視野的，卻是大學圖書館，我在大學圖書館恣意的瀏覽，貪心的借書，熬夜閱讀，我也意識到無論我怎麼閱讀，所讀的也只不過是知識大海的一個小小點，但是這個小小點，卻撐起我的航行夢想與探究的勇氣。

是的，如果要給孩子禮物，我想讓孩子愛上閱讀，愛上圖書館，就是父母給孩子一輩子用不完的資產。敦明這本《跟著圖書館去旅行》是父母親最棒的教養手冊啊！

讓圖書館成為親子的探險啟航點

—— 陳清圳　樟湖生態國民中小學校長

曾經帶過一位孩子，家裡沒有電視，他也沒有手機和電腦，他的生活就是看書，為了看書，他選擇住在大學的圖書館旁邊。這樣的生活，開啟孩子的想像，也培養孩子探索世界的心。高中他以 PR 值 99 考上澳洲的大學。孩子長期在學校培養的文化，他一面讀書，一面投入環境保護。後來他又申請到牛津大學研究所獎學金，這些都來自圖書館給的養分。

敦明老師深知閱讀的重要，於是長期投入圖書館推廣教育，他知道一座好的圖書館不只是擺在那裡的圖書，而是如何引導閱讀者登堂入室。於是他舉辦全國公共圖書館巡迴展等各種活動，活絡中開啟閱讀者的生命視野。

這過程其實就是一本書，終於等到敦明將過程寫了下來。書的流通就如同烽火台，會快速的點燃閱讀者的好奇。如果有一天，父母可以帶著孩子從家鄉的圖書館走到各國的圖書館，那圖書館的館藏可能是山川、可能是藝術、可能是開啟我們生命的重要閱歷。

帶著這本書，跟著圖書館去旅行，再由你寫下滿滿的記憶。讓圖書館帶你去旅行，讓好奇和興趣成為旅途的佳餚。

旅行與閱讀的魔法結合

—— 劉旭恭　瑞典彼得潘獎插畫家

閱讀和旅行，是我們一家最喜歡的活動，而這本書剛好將兩者結合在一起。附近的圖書館是我們家的藏寶庫，每次借回來的書和影片都是我們

喜歡的寶物。你也可以跟著這本書尋寶，透過閱讀培養想像力和好奇心，讓旅行變得獨一無二，同時豐富了身心靈的視野。

以旅讀發現城市心靈的好鄰居 —— 鄭俊德　閱讀人社群主編

根據好鄰居法則，當你去借一本書時，通常會發現更多更棒的書！《跟著圖書館去旅行》帶你一起去發現城市心靈的好鄰居，透過圖書館的知識洗禮，幫助你獲得智慧的心靈。

跟著圖書館去旅行培育自主學習力 —— 鄭淑華　國語日報總編輯

以旅行連結圖書館的知識探索，培育孩子的自主學習力，營造親子的美好時光，積累的就是人生續航的有機動力。

隆重的「到期章」用印典禮

—— 謝偉士　JJP 潘冀聯合建築師事務所品牌長

孩子們總是借了一堆書之後，搶著蓋「到期章」，這是個隆重的儀式。原來這就是施展魔法的關鍵。

體驗閱讀的奇妙之旅 —— 魏兆廷　島內散步共同創辦人

這本書是我們家庭文化的完美寫照：主動挑選書籍、培養安靜閱讀的習慣，並熱切地分享學習心得，最後走出去探索、開始島內散步。藉由這本書，家長們可以另類觀點走入臺灣，體驗閱讀的奇妙之旅。

親子的閱讀旅程：
在書本與世界間發現彼此的座標

　　這本書的誕生，源於一個內人斷捨離的智慧，也是一個愛書成癮的人如何在家庭裡走出舒適圈的二次啟蒙。對我而言，閱讀既是避風港，也是力量源泉。曾經，正是書本引領我走出家庭的情緒風暴。

　　然而，生活的變遷和孩子的成長需要更多的空間，卻讓租屋的我們面臨了一個困境：必須捨棄一部分的藏書。我的內人明白，這些書對我而言就如同生命，因此曾苦口婆心地告訴我：「閱讀不僅是輸入，也應該成為輸出。讓這些書籍融入你的生命，你就不再需要牢牢抓住它們。」

　　一開始，這些話無法入耳，但最終深深觸動了我的內心。我開始領悟：「閱讀的真諦，不是將孩子當作一本書來閱讀，而是理解孩子的真實需求。」這使我反思自己四十幾歲的人生，那些仍然未成熟的部分。

　　在審視自己，我發現了那些被瑣事淹沒的時光，錯失了與孩子共同探索未知的機緣。然而，成長的旅程不只是孩子的專利，我們大人同樣需要不斷學習、自我覺察。《跟著圖書館去旅行》的初衷，就是以閱讀與旅行為媒介，重新探索親子間的連結，與孩子攜手踏上驚奇之旅。

　　身為一位公共圖書館的館員，我深感慶幸能見證國立公共資訊圖書館

的輔導工作。透過教育部的資源挹注與國資圖同仁們的努力，這幾年全國到處可見公共圖書館煥然一新的閱讀氛圍。深深感謝基層館員們的用心，是他們將圖書館從僵硬的空間轉化為社區的大書房，並帶著便利商店的多元服務精神，去貼近人們的生活情感。

也讓我開始意識到，與孩子共同探索特色圖書館的旅行，正是改善親子關係的絕佳契機。而這本書記錄的只是我和孩子們的部分旅程，國立公共資訊圖書館官網上的《書香遠傳》還有更多全臺圖書館輕旅行的介紹，可以搭配這本書，去發現臺灣還有更多具有特色的圖書館，等待著每一位父母和孩子共同去探索。

同時，我也要感謝國立教育廣播電臺給予我「教育非知不可—好好讀你」節目主持的機會，那些跟著圖書館去旅行的歷程、那些親子關係的反思，都在節目中化為有形的分享，也成為這本書的基礎，因此你也可以搭配電臺音檔來閱讀這本書。

過去，我曾盲目追求工作上成就的肯定。但現在，對我而言，最大的肯定來自孩子們。有時，騎著機車載著他們出門的路上，他們會緊緊抱著我，輕聲說：「爸爸，我好愛你喔！」那時的我是擁有最大滿足。

最後，想以蘇斯博士的名言：「你讀的越多，你知道的東西就越多。你學得越多，你能去的地方就越多。」祝福每位讀者，願這本書成為你和孩子們的愛、智慧和新發現之旅的起點，開啟你們一段富有意義的親子圖書館之旅。

國立公共資訊圖書館館員爸爸　洪敦明 敬上

用圖書館來投資
你與孩子們的人生銀行

　　你好，我是洪敦明，我是國立公共資訊圖書館的館員，我有兩個精力充沛、好奇心十足的男孩，他們每週末都會給我很多機會，去教導他們如何好好跟圖書館做好朋友，如何善用圖書館各項資源，用閱讀去滿足他們探索這個世界的渴望。

　　同時孩子們也在無時無刻的提醒著我，為了成為我想成為的父母、我必須要支持孩子成為他自己。**也只有給予孩子時間與空間，透過圖書館進行充分的探索，他才能知道自己喜歡或擅長什麼、不適合什麼，真正能做的是什麼，直到成為獨一無二的自己。**

用圖書館來投資你與孩子的人生銀行

　　全球首富華倫‧巴菲特曾提及「圖書館」在他幼年的學習中，扮演了決定性的角色。巴菲特小時候在家鄉的圖書館裡，用了很多時間進行大量探索，隨手翻閱各類書籍，最後他把圖書館裡所有與投資相關的書都讀完了。巴菲特後來回想這段童年時光，他強調說：「沒有任何投資比得上投資自己。」

透過巴菲特的故事，我們可以這樣說：

用閱讀投資自己，是世界上最划算的投資。而沒有任何的問題是閱讀完一本書之後不能解決的，如果有，請繼續閱讀下一本書。

只是這樣的閱讀魔法，為什麼不是人人都會呢？

閱讀習慣的養成需要陪伴

首先，從父母層面來看，閱讀習慣的養成需要陪伴，而這件事只能由父母來做，不能外包給其他人來做。因為孩子與書籍並不是天生相互吸引的，一開始進行親子共讀，家長必須扮演好孩子與書籍之間橋樑的角色。孩子會透過我們家長的態度，去調整自己面對各項新事物的感受。

而現實的層面讓我們父母或孩子很難專注投入家庭共讀氛圍的營造。面對資訊洪流的時代——人工智慧、新課綱、大數據、線上教學，瞬息萬變的教育環境與政策讓現今的父母（包括我）感受到不少的焦慮，也搶走了我們的注意力，親子共讀的時間也很容易被其他事物所取代。

當身為父母的我們，一旦陷入於焦慮之中，就很容易跟風——別人成功案例，我們跟著做就好，於是一會兒帶孩子去補習雙語、一會兒想辦法把孩子送進 IB 國際學校、一會兒讓孩子去學鋼琴等等。不少家長害怕被別人認為自己的教養方式比較落伍，殊不知「複製」僅是工業時代的決勝點。工業時代裡，所有產品能越快越大量複製，就較能獲取成功的機會。

然而**人工智慧時代最不缺的就是複製品。價值永遠基於獨特性，越是**

稀少的，越是昂貴。如今能夠將產品打造成獨一無二、無可取代，才是王道。

　　下次如果你想要跟風時，不妨可以問問自己：我希望自己的孩子是複製品嗎？

　　再回頭想想，如何投入時間陪伴孩子開始進行共讀。**懂得理財投資的人，都曉得長期投資的價值。大量共讀時光的累積，會在孩子的人生銀行裡存入大量父母的愛**，同時也積存孩子用閱讀探索自己的能力，從中發現自己的獨一無二。

好奇心驅使孩子探索更深和更廣的世界

　　再來，從孩子層面來看，好奇心所引發的渴望是孩子探索圖書館的動力。有好奇心的孩子在圖書館裡翻閱書籍時，一本書讀完，往往會繼續勾引出閱讀下一本書的欲望。這樣的孩子在閱讀時，你會看到他讀讀又停停，然後再繼續讀，他在腦海中會浮現許多問題，想要知道接下來會有怎樣的可能性、怎樣的發展。

　　從被動閱讀走向主動閱讀的關鍵是：讓孩子透過好奇心進行「自問自答」。孩子的想像力與探索會隨著他的好奇心不斷延伸，從閱讀過程產生各種問題，並隨著閱讀的推展去發現自己的答案。

　　而這樣的歷程，家長們可以透過放聲思考進行示範，也就是將我們在看一本書時有哪些的想法、哪些問題，大聲說出來給孩子聽；讓孩子聽到自己的思考歷程，是如何去解決在閱讀上遇到的困難，同時也教孩子說出

來他的思考，直到他已熟練，才教孩子慢慢不出聲，只要在自己內心進行對話就好了。

　　這樣行為並不是打斷孩子的思考、駁斥孩子的意見。為了不讓孩子的好奇心失落，家長必須要抑制想控制或是要求孩子順從自己的渴望，反過來是去「跟隨孩子」，理解孩子的需求，讓孩子在圖書館充分探索。並讓孩子同時也可以觀察到自己的父母，也一樣地探索圖書館，嘗試地一本接一本去找到自己喜歡的好書。

　　其實孩子內在有著無限的可能性，只要讓孩子一直保持閱讀的「渴望」，它會由一個興趣催生出無數興趣，一個問題帶來無數問題，這個迴圈一旦開始，就很難停下來。如果我們以「正確」為名去干預這個過程，就會限制孩子的創造能力。歸根結柢，孩子最重要的是根據自己興趣發展的熱情。父母所要做的就是：預備這樣讓孩子探索的環境，讓孩子的專注不會輕易被打斷，然後好好讚賞孩子，幫助他聚焦在閱讀過程中的那些良好特質，比如專注、大聲朗讀等。

　　因此每當我們想要打斷孩子時，可以想想人工智慧教父李開復先生所說的一段話：「別再用自己的舊思維替孩子決定未來，給孩子充分的選擇，並幫助他們找到自己的熱愛和獨特性，做得很深，很好，這才是父母應該做的。」

結尾

　　懂得投資的人，都曉得投資需要選擇最適合自己的投資標的物。在 AI 世代中，透過閱讀學習，或許是目前最簡單、最直接、門檻最低的探索式學

習方式，能幫助我們去縮短夢想與現實之間的差距。圖書館正是蘊藏各類跨領域知識的寶庫，只要透過好奇心驅使孩子探索更深和更廣的世界，帶領孩子在圖書館裡用心尋寶，就能讓孩子的能力潛力發展出來。

最後留給您一個思考的問題

想想看小時候有沒有哪本書，你拿到手之後，就難放下來呢？

延伸閱讀 ....

◆《雪球：巴菲特傳》Alice Schroeder ／著，天下文化
◆《投資大師羅傑斯給寶貝女兒的 12 封信》Jim Rogers ／著，遠流出版
◆《在圖書館培養比爾蓋茲》李賢／著，核心文化

為什麼要
展開圖書館之旅

旅程開始之前的行前檢查

介紹如何事先準備圖書館旅行的計劃和行程,包括選擇
適合的圖書館、確定旅行時間、瞭解圖書館活動等,提
供一些實用的準備技巧和注意事項。

爸爸也可以在忙碌家庭生活中找到影響孩子的支點

在生命的競賽中賽跑，千萬要記得當初參賽的理由。

——《勇往直前：我如何拯救星巴克》

在現今快節奏且工作繁忙的社會中，我身為一個爸爸，曾經面臨過忙得無法自拔的狀況，並讓自己陷入從工作獲得成就感的迴圈裡。有一個我回到家就累得昏倒的晚上，我意識到生命中的時間和機遇並不全然掌握在自己手裡，這讓我深深反思自己在孩子成長中的參與程度。

有一陣子我覺得太太把家庭照顧得很好，孩子的事就交給她做主就好了呀！然而，我意識到這樣的思維，漸漸讓我在孩子的生活中喪失了存在感，我忽視了自己在孩子教養中的作用。爸爸的陪伴、關注和引導，還是能為孩子帶來無限的力量和影響。德國著名教育家卡爾‧威特曾明確指出，真正能夠與孩子共度成長的時間僅有十年。與其渾渾噩噩的度過十年，不如確實地陪伴、關注和引導，感受到親子間的關係。

當捫心自問：在孩子的心目中有多少存在感？能陪伴孩子的時間有多長？我對於《你的孩子不是你的孩子》這本書中的一段話感受非常深刻：「父母是一種太孤單的職業了，一旦他們的情緒找到出口，他們便會繼續開

發這條道路。」

　　這本書出版之前，因為想支持太太出國進修蒙特梭利教育，我經歷兩個暑假，需要單獨照顧兩個男孩子的日子。

　　第一次是 2019 年的暑假，回想起那段一打二的經歷就令我有如做惡夢驚醒的感受。那時，每天面對孩子和媽媽分離焦慮的哭鬧、兩個小男生的吵架到打架，接連生病的照顧，那時之前的我，很少用大吃大喝、追劇來解除壓力，可是那陣子常常在孩子入睡後，含糖飲料、油炸食品就成了我深夜必備的滿足品。

　　而 2023 年的暑假，太太再次到美國進修蒙特梭利教育，我卻有了一份安定感，不再像之前一樣手忙腳亂。回顧這兩個一打二的暑假，除了孩子隨著年齡成長所帶出的成熟之外，我想更重要的是，之前透過跟著圖書館去旅行的方式，讓孩子從旅程中慢慢去調整一個穩定的節奏。

建立有節奏的生活模式

　　然而，要在忙碌的生活中找到時間與孩子共度並不容易。我需要具備良好的時間管理能力，並與太太共同協調日程安排。那時的我聽到唐鳳先生分享「番茄鐘」的工作法。因此，我上網買了「番茄鐘」，參考了《間歇高效率的番茄工作法》的介紹，將孩子待完成的任務分成一個個的「番茄鐘時間」，讓孩子預估每回活動時間的長度，從設定 15 分鐘、20 分鐘、30分鐘再到 1 個小時。

　　建議每個番茄鐘時間長度可以是 20 或 30 分鐘。在這段期間，孩子需要專注於完成一項活動，如閱讀，不可以分心。當時間到了，就可以休息 5分鐘，然後再開始下一個番茄鐘時間。

慢慢讓自己與孩子都學習享受一些小而美的時刻，讓這些小確幸成為促進父子關係的寶貴時光。這可能意味著在晚餐時間與孩子討論一天的經歷，加上刻意安排精心時刻，例如早晨的共同早餐、傍晚的運動時間、睡前的床邊故事時間等，陪伴孩子們參加課外活動；或是在周末時與他們一起逛圖書館或公園。這些看似微小的互動，卻能為孩子的成長提供良好的支持和影響。

再來，我更讓「跟著圖書館去旅行」的行程成為一週活動的主旋律，每週末的旅程安排，總是在動態的孩子許願行程的前後，再搭配安排一個靜態的圖書館體驗。而週間晚上的親子時間，則是飯後到附近公園運動，再回到家進行共讀的時光。

這樣有節奏是我從《耶拿教育手冊》這本書學來的。耶拿教育強調有節奏的「週計畫」是用來組織一個好的學習時段的方法。學習時段則是引導者教導孩子，或孩子教導孩子，以完成孩子個人所設定的學習目標。**有節奏的週計畫本身不是目的，而是透過有節奏的週計畫，讓孩子們很清楚知道接下來要進行的事項，這樣可以確保孩子們為自己想完成的活動，學習負起更多的責任，從而培養孩子的規劃與獨立的能力。**

「週計畫」與「番茄鐘」慢慢成為孩子的穩定生活的一部分。而每個禮拜的開始，我總會問兩個孩子有特別想要做什麼嗎？然後從孩子們最想要進行的活動的行程中，默默穿插圖書館與運動的元素，久而久之，閱讀與運動就成為孩子們生活中的穩定因子。

圖書館的英文叫做 Library，它是個放書的地方。世界各國的語言都有類似的詞彙，像德文的 Bibliothek、法文的 Bibliotheque，等等。圖書館起源

於人們希望保存重要紀錄的需求，所以它和人類的歷史信仰緊密相連。而《跟著圖書館去旅行》這本書記錄著我想跟孩子一起透過圖書館成長的點點滴滴。重複的時間或環境節奏，對於越小的孩子越有穩定的力量，也因為建立這個節奏，即便第二次的暑假也碰到小兒子生病，我也有餘裕去處理孩子的生活細節。

然而做得再多，都比不上覺知孩子來得重要。回想我孩童時，我的母親在我的記憶裡，由於職業婦女工作與家庭兩頭燒，充滿了焦慮及不耐煩的情緒，然而曾經溫柔的她仍在我的童年中留下寶貴的愛的存款。

我在記憶模糊的三歲，有一小段時間母親天天用說故事陪伴了我，更曾經運用了卡帶錄音機記錄說故事過程裡的小細節。而這段錄音成為我童年成長的資產，在後來母親同時面對工作與家庭雙重壓力，引發種種爆炸性情緒反應時，我仍然運用這段錄音去平反我對母親的恐懼，在我幼小的心靈裡用故事重建對媽媽的信任。

如今我成為人父，這段回憶讓我知曉用愛與故事陪伴孩子的重要性，驅使我嘗試與孩子分享故事。這樣的陪伴不僅讓我的孩子安然入睡，更似乎進一步撫平了我自己內心小孩的小小傷口。

著名心理學家格爾迪說：「父親的出現是一種獨特的存在，對培養孩子有一種特別的力量。」在孩子 8 歲之前，爸爸的主要職責是保護孩子的身心健康，就像風箏的線一樣。然而，當孩子長大到 8 歲以上時，爸爸的角色就應該轉變為放手讓孩子自由飛翔。也因此爸爸應該把握對孩子有關鍵影響力的階段去影響他們。

舉例來說，在親子閱讀活動中，母親通常著重培養孩子的語言能力，

而爸爸則會引導孩子關注邏輯和空間知識，這能夠激發兒童的好奇心、想像力和求知欲。研究表明，爸爸和孩子的互動次數與孩子的智商呈正相關，也就是說父子互動越頻繁，孩子的智商越高。

爸爸們對親子共讀的參與，還可以加強親子之間的情感連結。經常與爸爸一起度過時間的孩子通常會擁有更強的安全感和依附感，他們更容易與爸爸建立親密的關係。這種親密關係不僅能促進父子之間的情感交流，還能提供孩子心理上的支持和安慰。

親子陪伴中，最重要的其實是「高品質的陪伴」。爸爸們在忙碌的家庭生活中，也能找到影響孩子的支點。他們的參與和互動不僅對孩子的認知和智力發展有積極的影響，還能促進情感連結和社交能力的培養。然而爸爸們需要的是：放下手頭的事情，給予孩子最高的關注。因此，無論爸爸們面臨多麼繁忙的工作和責任，都應該意識到自己在孩子成長中的重要性，並努力尋找時間與孩子建立深厚的親子關係。

延伸閱讀

◆《忙碌爸爸也能做好爸爸》布魯斯‧羅賓森／著，野人出版
◆《就因為「沒時間」，才什麼都能辦到》吉田穗波／著，如何出版
◆《耶拿教育手冊》鄭同僚／審定，國立政治大學臺灣實驗教育推動中心
◆《間歇高效率的番茄工作法》法蘭西斯科‧西里洛／著，采實文化

從世越號到巨浪下小學
的家長省思

　　在韓國「世越號」沉船和日本 311 大地震「巨浪下小學」兩個大新聞事件後，我看到兩邊的孩子都是因為聽信權威，盲目地等待救援，最後喪失了得救的機會。我因此哭了，我能感同身受的難受。我深刻體認到，孩子們需要主動尋求資訊、獨立思考與判斷的能力，在 AI 人工智慧時代，這尤其重要。我們做為家長或教育者，不能將孩子的教育完全外包，反而我們更需要陪伴他們，深入探討事件，以達到真正的學習效果。

　　在現代社會中，孩子們面臨著眾多的資訊和信息來源，如何辨別真偽、理性思考和獨立判斷，成為了一個非常重要的能力。而這種能力的培養需要從小開始，為此，圖書館提供了一個理想的學習環境和資源，可以幫助孩子們主動蒐集資訊並進行獨立思考與判斷。

　　世越號事件這個重要的事故可參看《謊言：韓國世越號沉船事件潛水員的告白》一書。2014 年 4 月 16 日，南韓發生了世越號沉船事故，這次災難造成了許多人的不幸罹難，其中包括 261 名檀園高等學校的高二學生。這一事件引發了廣泛的關注和爭論，人們對於事故原因、責任歸屬等問題提出了各種質疑。經「世越號」事故而引發一連串的省思之後，韓國人民開始重新思考如何找回失去已久的批判精神。

　　對於家長來說，他們希望能夠瞭解真相，並為自己的孩子提供安全的

環境和教育。然而，在這樣的事件中，家長面臨著來自各種資訊來源的信息洪流，包括新聞報導、網絡論壇、社交媒體等。這些信息的真實性和可信度受到了質疑，家長們需要具備辨識和評估資訊的能力，以便做出明智的判斷和決策。

　　這就凸顯出了孩子們需要主動蒐集資訊，並進行獨立思考與判斷的重要性。他們不能僅僅依賴於媒體報導或他人的意見，而應該學會去尋找更多的資訊來源、比較不同的觀點並自行做出判斷。如今的資訊洪流，往往我們的孩子會因為大數據的演算法，提供給孩子特定同溫層的資訊，而失去全面看見訊息全貌的機會。圖書館提供了豐富的圖書和資源，孩子們可以通過閱讀書籍獲取不同的觀點和知識。他們可以閱讀關於世越號沉船事件的報導、專業人士的分析以及倖存者的回憶錄，從中獲取多角度的信息並進行思考和判斷。

　　另一個例子是《巨浪下的小學》。這是關於日本東北地區一所大川小學在 2011 年發生大地震和海嘯後的災難故事。大川小學的一位遇難者家長說：「所有人都相信他們一定會很安全，因為他們在學校。」但在這場災難中，有大量的學生不幸喪生，引起了人們對於學校安全措施和教師責任的質疑。

　　事件的真相最後逐漸被拼湊了出來：災難發生時，學校要按照《災害應急手冊》進行避難，而這份應急手冊並沒有考慮到海嘯的可能，即便有學生提出想要逃往 5 分鐘就可以到達的山上，也被老師否決了！而是繼續按照手冊中指導的地點，逃往了地勢更低的交通島。這一遵循教條且缺乏實際判斷的行為，最終導致了老師們帶著學生「朝著海嘯的方向走去」。

　　家長們在這樣的事件中也面臨類似的挑戰，他們需要瞭解事件的真相

和背後的原因，以便對學校和相關單位提出合理的要求和改進建議。然而，從媒體報導和官方聲明中得到的信息可能並不完整或有所偏差。這就需要家長們主動尋求更多的資訊，通過閱讀相關的書籍和報導，深入瞭解事件的背景和相關議題，以便做出明智的判斷和行動。

　　家長在培養孩子們的獨立思考能力上扮演著重要的角色。我們可以與孩子一同探討事件的原因、影響和可能的解決方案。像是和孩子一起閱讀有關《謊言：韓國世越號沉船事件潛水員的告白》和《巨浪下的小學》、《311的釜石奇蹟》的書籍或文章，討論事件背後的原因和影響。透過這樣的討論，可以引導孩子們學會從多個角度分析和評估問題，培養他們的批判思維能力和判斷力。

　　圖書館做為一個開放的知識寶庫，為孩子們提供了豐富的資源和學習環境。在圖書館裡，孩子們可以閱讀各種類型的書籍，包括報紙、雜誌、專業書籍等，進一步擴展知識面，並學會查找資訊、評估資源的可信度，對不同觀點進行比較和分析。這些能力對於他們未來的學習和生活都具有重要的價值。

　　此外，圖書館也提供了一個安靜和舒適的學習環境，讓孩子們能夠專注閱讀和思考。同時，圖書館會舉辦各種活動，如讀書會、講座和工作坊，這些活動可以幫助孩子們與其他讀者交流和分享，擴大他們的視野和知識圈子。

　　最後，家長應該持續關注孩子們的學習和成長，比如定期與孩子們討論他們在圖書館閱讀的內容和所獲得的收穫，並給予正向的鼓勵和回饋。家長的支持和關注對孩子們的學習動力和成就感都至關重要。

Google 時代
為何你還需要圖書館

電腦帶來的危險非常大，人們計算得太多，思考得太少。

——《窮查理的普通常識》

　　智慧型手機等行動載具深深影響了人們的閱讀習慣，曾經有一次拿起手機時，太太突然反問我，過去你碰到問題，都會去找書思考後提出不錯的解決方式，為什麼現在都是用手機尋找答案呢？

　　這個問題讓我重新去思考：

　　「在圖書館裡閱讀」與「用網路 Google 搜尋」之間的差異，圖書館與 Google 最大的不同在於，圖書館不僅是一個找尋知識的地方，更是讓我們建立思想體系、深入思考的場域。

　　首先由於圖書館本身沒有商業目的，容納各式各類的大量書籍，每一本書不論內容為何，甚至再冷門的書，總有讀者需要；只要有讀者需要，圖書館就會保存它。**若把圖書館裡的每本書當成一棵樹，在圖書館裡遊走，就像在一片森林閒逛。你慢慢會發現每棵樹之間的不同以及它們之間的聯繫，然後會知道知識資訊如何被定位、被分類，因此能獲得被整理過、認知思考過的資訊。**

透過瀏覽圖書館會知道一個知識在整體知識體系當中的位置，才能系統性去運用。而透過網路 Google 搜尋只能部分瀏覽，像是在森林中看到幾棵樹，見樹而無法見林。過去能說知識就是力量，如今要說能掌握知識體系才是王道。

再來，身處網路世代的我們，多是尋求另外一種形式的解惑，只要有問題，就用搜尋引擎來找解答。但如今的課題是：面對大量資訊，過多的選擇，反而讓人無法進行正確的抉擇。而**當大網路巨頭公司（如 Facebook、Google）正努力地將服務（如新聞及搜索結果）依據個人偏好設定提供媒體內容，使用者們就會被困在一個「同溫層」，我們透過網路看到一個「想看到」的世界，看不見一些或許讓我們能對世界廣闊視野的資訊。**

圖書館給予我們走出同溫層的一個可能性，透過瀏覽圖書館的各式好書可以去探索自己內在未知的部分。不只讓我們知道想知道的事，也因為能巧遇不同的好書，而接觸許多意外的資訊，讓你能知道過去未曾知道的事，更能走出框架想出有創意的想法，甚至發現未曾認識的自己。

部分讀者在閱讀一本書時，往往都有從書中找尋自己的渴望：找尋主角有沒有遇到和自己類似的困擾、有沒有相關的心聲、能否揭示一條出路等。《街頭日記》中艾琳・古薇爾老師說：「不管學生犯過什麼錯誤，我要讓他們把閱讀當成一個改變的機會，也許學生會在書裡發現他自己。」她以各種好書，如《安妮的日記》、《莎拉塔的圍城日記》，讓學生看到自己的處境（幫派、暴力威脅等），她帶領一群「曾經被社會遺棄」的學生與不

同故事的主角生命進行深層的交會，而能從旁觀者觀點為自己的人生找出一條出路。

懂得問路的人不會迷路

　　一本好書確實可成為某人一段人生的重要地圖，透過文字找到心靈的對話、幫助讀者重新定位自己、從迷途中返回、發現突破的關鍵。如今人們透過書籍尋求解答，那彷彿是上個世紀的解惑方式了。

　　上網 Google 看似可以找到所有問題的答案，可能比你身旁的權威回答得更精確，但是這樣不會幫助你學會問好問題，怎樣的提問才能抓住要點。而且，最有價值的不是答案，而是懂得問問題。

　　然而人手一機的模式，已讓人習慣用網路輕易去找解答，而不是靜下心思考自己該如何解決問題。當我們問錯問題時，往往就會無法準確的對症下藥，導致你看起來知道很多答案，卻不知道如何解決真實而複雜的問題。

　　我們透過網路搜尋到的答案，是顯示大數據的結果、多數人的想法，卻不見得適合我們自己的特質與需求。當我們打開手機要搜尋時，請嘗試告訴自己：「與眾不同需要勇氣，然而我們要過的人生是自己的，不是別人的。」下回當我們跟別人不一樣時，要記得一個非洲諺語說：「懂得提問的人，永遠不會迷路。」

最後留給您一個思考的問題

用網路搜尋一下圖書館的十大分類，看看哪些類的書籍是自己從來沒有翻閱過，下回去圖書館找找到這類的書籍，也許你會發現一些驚喜。

延伸閱讀 ·······

- ◆《街頭日記》艾琳‧古薇爾與 150 位自由寫手／著，親子天下
- ◆《書呆與阿宅》Scott Hartley ／著，寶鼎出版
- ◆《知識的假象：為什麼我們從未獨立思考？》Steven Sloman, Philip Fernbach ／著，先覺出版
- ◆《猶太人每天鍛鍊的 WHY 思考法》石角完爾／著，商業周刊
- ◆《看穿假象、理智發聲，從問對問題開始》尼爾‧布朗、史都華‧基里／著，商業周刊
- ◆《好奇心：生命不在於找答案，而是問問題》布萊恩‧葛瑟、查爾斯‧費希曼／著，商周出版
- ◆《給孩子的解答之書：解開孩子好奇心的 60 個問答》卡琳‧西蒙奈、伊莎貝爾‧瑪洛杰／著，遠流出版

名人們如何在
圖書館中找到起點

　　閱讀是一種特權，更是一種改變命運的力量。而在我們的生活中，圖書館總是悄悄扮演著舉足輕重的角色。它是知識的寶庫、思想的搖籃，並在無數名人的人生旅程中留下了深刻的烙印。無論是微軟的創辦人比爾蓋茲、卡內基、富蘭克林，還是美國前第一夫人蜜雪兒·歐巴馬到臺灣的王雲五等人，他們成功的背後故事，都與圖書館有著密不可分的關聯。我們可以從這些名人的經驗中學習，並借鏡他們如何使用圖書館的資源來豐富自己的生活。

　　然問，我們要問：「如今的孩子們擁有的圖書館等資源比這些名人更多，但他們跟這些名人的關鍵差距，究竟在哪些地方呢？」

Google 一下就出來了，何必花時間去記呢？

　　美國埃默里大學馬克·鮑爾萊因（Mark Bauerlein）教授在《最愚蠢的一代》一書中，指出了一個令人困惑的事實，為我們提供了一個思考的好方向，他說：「儘管知識的獲取方式如此多元，包括圖書館、博物館、大學、媒體等，但年輕人在歷史知識、公民意識、閱讀成績、國際競爭力等方面的提升卻並未顯見。」

　　這樣的現象，鮑爾萊因教授歸因於社群媒體的流行，讓年輕人過度專

注於瞬息萬變的網路世界，以及沉迷於社群媒體和手機遊戲，而忽視了實質的學習和思考。鮑爾萊因警告，**過度專注於社群媒體和即時通訊工具，年輕人陷入了流動快速、變化無常的網路世界，這可能導致他們忽略真正的學習和深度思考。他認為，因為網際網路的知識和資訊來源繁多，年輕人往往有錯覺，認為只需透過搜索引擎就能獲取所有資訊，而不再需要去記憶和內化這些知識。**

資訊不等於知識

鮑爾萊因教授進一步指出，問題的關鍵並不在於當代青少年智力的問題，而是他們有最好的機會和資源成為最聰明、最博學的一代，卻未善加利用，反而將自己封閉在自我世界裡。他們生活在穩定的國家中，不用擔心政變、外敵入侵或健康危機，所以他們往往忽視了對外面世界的關心和瞭解。他呼籲年輕人要明白，閱讀大量圖書提供的豐富資源，才是深化知識，培養思考能力的寶貴場所。

這個問題提醒了我們做為父母、教育者的責任，我們需要教導孩子學會平衡與適應。這並不是說我們要全面禁止他們使用社交媒體，而是要引導他們明白，利用圖書館進行自我學習的重要性，並鼓勵他們分配適當的時間到圖書館去閱讀和學習。

比爾‧蓋茲的成功背後，有一個熱愛閱讀的母親和一個充滿書籍的圖書館。他曾公開表示，自己的成就來自於家鄉的小圖書館。他每年都會公開書單，分享自己在閱讀中獲得的啟示和思考。**比爾‧蓋茲說：「雖然我**

現在可以去任何地方，向任何人討教，但是，閱讀依然是我得到新知識的最主要途徑。」

蓋茲的例子告訴我們，閱讀能夠提供我們廣闊的視野和深厚的知識底蘊，使我們在未來的道路上走得更穩。

安德魯・卡內基是一個出身貧寒的鋼鐵大亨，從小熱衷學習，喜歡閱讀卻沒錢購書。當他得知有一個上校的私人圖書館裡藏書豐富且可免費借閱時，他立即前往那裡借書。卡內基專注於探索技術等書籍，特別是有關煤礦和鋼鐵的專門著作。這樣的閱讀經歷不僅豐富了他的知識層次，更指引他未來的事業道路。

富蘭克林是美國的開國元勛之一，他熱愛做實驗，源自他對知識的熱愛。爸爸付不起學費，讓他在學校只能念兩年，以後全靠自學，拚命找書念，書本沒有的知識就自己做實驗。為了社群交流，他於 1731 年倡議成立「費城圖書館俱樂部」（Library Company of Philadelphia），首創訂閱圖書館的概念，為後來的公共圖書館制度奠定了基礎。

對於富蘭克林來說，閱讀並不是一種孤獨的行為，而是一種社區的交流和分享。同樣的例子在電學之父法拉第的週四讀書會也可以看到。

被譽為「圖書館學教育創始人」的威廉森曾是小學歷史教師，他會根據對每位學生的獨特理解，為他們規劃個別的閱讀路徑，並鼓勵他們在課餘時到圖書館尋找書本進行自我閱讀。他說：「教科書的目的，並非要限制學生的課外閱讀，反而應該做為一座通往圖書館的橋樑。我鼓勵學生讀各種不同作者的書籍，接觸更多的文體風格，並寫下他們的讀後感來與我

共享並進行討論。這是培育學生思維能力的最佳途徑。」

　　另一位是美國前第一夫人蜜雪兒‧歐巴馬。我曾在美國圖書館學會年會（ALA）聆聽到她的圖書館故事分享，她透過自傳《成為這樣的我：蜜雪兒‧歐巴馬》分享自己從小就是圖書館的常客，4歲那年，她拿到自己的第一張圖書館借書證。這是她童年生活中的一個重要儀式。她的父母將兒童文學作品融入她的生活中，使閱讀成為了她生活中的一種重要儀式，而圖書館和書店則成為她成長過程中不可或缺的一部分。

　　蜜雪兒出身於資源貧脊的黑人社區，她把自己之所以能蛻變成現在容光煥發的樣貌，全部歸功於自己父母親成功的「教育」。她提到母親非常看重「閱讀」。她總是督促兄妹倆閱讀叢書，常常帶他們去圖書館，更把省吃儉用的錢拿來買百科全書。她母親甚至主動出擊，遊說學校把蜜雪兒轉到用心授課的老師的班級，尤如美國版的孟母三遷。

　　蜜雪兒‧歐巴馬認為，養成閱讀的習慣不應只限於孩子，而是應該讓全家人都參與其中。為此，她在家庭中引導並營造一個閱讀的氛圍，讓閱讀成為生活的一部分。歐巴馬夫婦退休後，他們仍然保持著閱讀的習慣，並透過發表書單，鼓勵公眾參與閱讀並進行討論。這種行為展現了他們對閱讀和圖書館的熱愛和尊重。

　　而在臺灣，這種對閱讀熱愛的熱情來自於我們自身的閱讀人：王雲五。他曾經深情的說過，「如果我有任何文化素養的話，那些都來自於圖書館。」他的學問和對讀書的熱愛，由圖書館這個知識殿堂中滋養而來，最終使他成為了臺灣文化的重要發聲者。

　　令人驚訝的是，王雲五先生曾花了整整三年時間，閱讀完《大英百科

全書》的全套資訊。他的學習不受限，囊括了天文學、地理、數學、物理、土木工程，以至於機械學等各種領域。他 24 歲已經擔任中國大學的政治學教授，並且精通德文和法文，因此被紐約時報譽為「活生生的百科全書」。

從這些名人傳奇的故事中，我們可以感受到，無論我們的社經背景如何，圖書館始終是開啟我們認識這個世界，進入知識殿堂的金鑰匙。縱然社群媒體和網際網路為我們提供了便利的溝通方式，但我們也必須認識到，過度依賴這些工具可能會使我們遺失更深度的學習和思考能力。圖書館所提供的知識和資源，對我們的思維方式、價值觀念乃至對世界的理解都有著深遠的影響。

閱讀在我們生命的每個階段都是無價的。從臺灣的王雲五，到美國的比爾‧蓋茲和蜜雪兒‧歐巴馬，他們都是由不斷的學習和努力，從圖書館這個知識寶藏中汲取智慧，最終取得今日的成就。讓我們將圖書館視為生活中的珍寶，只有這樣，我們的下一代才能在科技的世界裡，也能提升他們的知識水平和獨立思考能力，充分發展他們的潛力，讓他們的未來更加豐富多元。

延伸閱讀 ⋯⋯⋯⋯⋯⋯⋯⋯⋯⋯⋯⋯⋯⋯⋯⋯⋯⋯⋯⋯⋯⋯⋯

◆《成為這樣的我：蜜雪兒‧歐巴馬》蜜雪兒‧歐巴馬／著，商業周刊
◆《電學之父：法拉第的故事》張文亮／著，文經出版社
◆《梅迪奇效應：跨界思考的技術，改變世界的力量》法蘭斯‧約翰森／著，商周出版

跟著圖書館去旅行——
事前準備指南

當孩子走出去時，整個世界就向他展開。

讓我們帶孩子出去，讓他看到真實的事物，而不是只是製作代表概念的物品。

——瑪麗亞・蒙特梭利博士

    親子旅行對於孩子的成長和學習有著非常重要的影響。圖書館做為一個知識的寶庫和培養興趣的場所，是親子旅行的絕佳選擇。然而，在出發前，我們需要做好充分的準備，確保旅程順利愉快。以下是跟著圖書館去旅行前需要注意的細節，透過這些準備工作，我們可以讓孩子在旅途中充分參與、學習和成長。

圖書館家庭旅行的事前準備

★ **選擇適當的目的地：** 根據孩子的年齡、興趣和需求，選擇一個適合的目的地。旅遊目的地除了圖書館外，還會去哪些景點？像動物園、博物館、美食小吃等。記得根據全家人的身心狀況，適當的安排景點，以免只是走馬看花，無法充分體驗。超過兩天的長途旅行較適合 3 歲以上的孩子，但孩子的身體素質和大人不同，不宜安排過於繁忙的行程。對於

3 歲以下的幼兒，由於他們的免疫力和自控能力尚未完全發育，建議選擇住家鄰近的公園、農場、圖書館或博物館。孩子在新環境中可以學習新的知識、技能和經驗。這些目的地的選擇都可以事先與孩子討論，讓孩子透過參與，慢慢去發展他專題研究、規劃行程的能力。

★ **行程的安排：**我是一個圖書館員，在旅行前，總會想要把各樣旅行資訊都查找

孩子在車上看書，讀著讀著就睡了。

清楚才罷休，然而幾次家庭旅行下來，我發現**很多樂趣往往不在安排好的行程中**，例如旅程走進了一所大學，剛好參加到他們舉辦的盛會，這些意外反而留下了許多難忘的回憶。暢銷書作家**勝間和代說：「利用減法的技術，與其決定要做的事，不如決定不做的事。」**後來我慢慢把每次行程抓住 2 到 3 個必去的景點，其他就看當天的旅程而彈性調整，如此一來輕鬆了很多。

★ **安排時間前往圖書館：**當孩子們準備好自己去圖書館的時候，家長可以與他們商量計劃前往圖書館的日期，並一起填寫一份「跟著圖書館去旅

行」紀錄表。這份表格上包括孩子的名字、日期、圖書館的地址和電話、延伸景點、所需費用、感興趣的活動項目，以及適當的攜帶衣物與物品要求等。家長可以讓孩子們透過網路簡單查找相關資訊，再讓孩子打電話給圖書館，詢問相關的需求，甚至可以結合一些家庭，以親子共學團體的名義向館方申請團體導覽。最重要的是，透過這個過程讓孩子們明白圖書館不僅僅是一個知識的寶庫，更是一個培養興趣、開拓眼界、激發想像力的場所。通過閱讀和探索，他們可以發現自己的潛能，成為具有獨立思考能力的個體。

★ **提前做好背景調查：**家長可以事先瞭解目的地的資訊，例如開放時間、票價、交通方式等。在出發前與孩子討論行程安排、注意事項，讓孩子有足夠的準備時間。家長要特別注意當地的廁所、座位、飲食和水供應情況，確保孩子的舒適度和健康，並避免到不衛生的環境飲食。

★ **學會看地圖：**到一個地方，不止是圖書館、公園，商場超市也有地圖，家長可以讓孩子練習看地圖，一起找尋景點，培養他的空間能力。參觀景點是培養孩子空間認知能力的好機會。空間認知能力指的是孩子對空間位置關係的理解能力，也是數理能力的重要基礎。使用方位詞如「上下左右」，尋找標誌和辨識方位。此外，鼓勵孩子自己拍照，嘗試不同的拍攝角度和尺度，有助於提高孩子的空間認知能力。

★ **維持旅遊動機：**在旅途中避免孩子無聊且過度依賴手機遊戲或平板電腦，對於 3 歲以下的孩子，建議備妥繪本、畫筆等娛樂方式，或者小毛巾、動物玩偶等情感依附的物品。對於 3 歲以上的孩子，如果需要使用

電子產品，應減少被動接受內容，選擇具有創造性和互動性的產品，例如使用平板電腦模擬彈奏電子琴、閱讀電子書等。

★ **攜帶物品清單檢查：**在出發前，檢查是否攜帶了必要的物品，例如手錶、手機、行動電源、圖書館借閱證、筆記本、筆、水瓶、環保袋、殺菌濕紙巾、面紙、口罩、成藥、OK 蹦、備用衣物等。這些物品能夠讓孩子更好地參與到跟著圖書館去旅行的活動中，並且記錄閱讀所得。依據目的地的不同，攜帶用品也有所調整，如目的地附近有公園，我就會多預備孩子喜歡的球類用具，如足球、籃球、飛盤、羽球設備等，讓孩子在彈性時間可以有不同的規劃。

★ **當地天氣：**根據氣象來考慮孩子是否需要特殊的衣物或設備，例如雨衣、雨傘、防曬乳、防蚊液、野餐墊、泳衣泳褲、球類用具等。

★ **孩子的年齡和發展水平：**依據孩子的年齡和能力，決定是否需要帶換洗衣物，以及是否能夠自己攜帶小背包。為大一點的孩子預備一個小背包，讓他們可以參與旅行物品的攜帶與檢查。如果是幼兒，就需考慮是否要帶嬰兒手推車或拉桿行李箱。

★ **旅行預算：**考慮旅行的持續時間，制定合理的預算，以免超支造成困擾。

★ **參觀景點的開放時間：**確保參觀景點的開放時間，避免錯過重要的活動或展示。

★ **設定學習目標**：家長可以與孩子一起設定學習目標，例如學習新單字、認識新事物、養成良好的行為舉止等。在旅行過程中不斷提醒孩子，幫助他們實現目標。

★ **給予回饋**：在圖書館之旅結束後，與孩子分享旅行或閱讀的心得和收穫。鼓勵他們將所學所得與他人分享，並給予孩子們適當的讚賞和激勵，這將增強他們對學習的自信心和動力。

★ **保持安全和秩序**：家長需要注意孩子的安全和秩序，避免孩子走失，確保孩子不隨意亂跑。同時，尊重他人權益，不在公共場合大聲喧嘩或亂

爸爸的旅行打包清單（包含兩位小孩）

扔垃圾。在旅行中，是培養孩子情緒控制能力的好時機。在出發前，家長可以與孩子設定期望，提前告訴他們出門 5 天，坐火車 4 個小時，可以在火車上閱讀繪本、玩具等。對於孩子的良好表現，及時給予表揚，強化他們的良好行為。同時，也要為孩子情緒失控做好準備。如果孩子在公共場所出現情緒失控的情況，首先應該帶他暫時離開，等孩子冷靜下來後再與他進行情緒分析，不要當眾斥責孩子。找一個安靜的地方，讓孩子用語言描述情緒、引導他表達情緒、幫助孩子反思整個發脾氣的過程。

事前準備是一趟旅行的關鍵，尤其是跟著圖書館去旅行，我們要確保孩子能充分享受這段寶貴的時光。家長可以將以上項目列為旅行前的檢查清單，這樣將有助於節省寶貴的時間，同時讓旅程更有說服力和流暢性。讓我們帶著孩子一起跟著圖書館去旅行，創造美好的回憶，並讓孩子在這段獨特的體驗中茁壯成長。

手繪地圖——
如何善用家附近的圖書館

刺激和回應之間有空間，空間裡是我們選擇回應方式的權利，

回應方式裡有我們的成長和自由。

——《活出意義來》

當我擔任社工時，曾經與團隊帶領一群中輟生進行七次單車環島挑戰，這段經驗讓我對於自主性有了深刻的體會。在開始這個單車環島計畫的幾年裡，團隊一開始因為擔心中輟生面臨風險而過度照顧他們，我們募款讓孩子們住在舒適的民宿，避免挑戰困難的路線；然而，最後我們發現這趟舒適之旅結束後，孩子們卻經常抱怨說太過舒適了。

相反的，在另外幾年的單車環島之旅中，團隊決定讓孩子們在學校借宿；他們在教室裡打地鋪、在學校廁所用水管洗澡、自己料理部分餐點等，而且我們讓孩子們自己討論、決定部分路線的規劃與進行。當旅程結束後，孩子們充滿興奮地回憶起這段經歷，他們談起洗澡時水管跳出廁所外、半夜教室裡有蟑螂爬到身上、連續五公里的緩坡踩著腳踏車騎到哭的難忘時刻……這些克難的回憶卻成為他們學習最多的寶貴旅程。

這些回憶讓我學到一個重要的功課：給予孩子們自主的機會。**當我們**

過度照顧他們，排除所有風險和困難時，可能會剝奪他們面對挑戰、學習成長的機會。相反的，當我們鼓勵他們自己做決定、克服困難，他們能夠從中獲得更多的成就感和自信心。這樣的經驗不僅讓他們記憶猶新，而且也教會了他們許多珍貴的課程。

所以，我明白了一個道理：如果做為父母的我們，事事幫助孩子，他們就無法自主成長。我們必須給予孩子們機會，讓他們從困難中學習、成長，讓他們自己去規劃旅程，克服挑戰，才能夠塑造他們的性格並培養自主性。

如果，你跟我一樣體認到閱讀是可以賦予孩子們最重要的禮物時，我們就需要創造機會，讓孩子和圖書館成為好朋友，這樣未來的某一天，他們就不再需要倚賴我們家長這個媒介來協助。孩子們將具備自己去圖書館的能力和意願，並能與圖書館建立親密的關係。

讓孩子具備自己去圖書館的能力

我選擇了以「手繪地圖」做為起點，讓孩子們透過繪製地圖這個過程逐漸意識到，他們可以決定什麼時候去圖書館，以及選擇哪種交通方式。這是一個漸進的過程，意願和能力都是逐漸積累的。

起初，我會載著孩子去圖書館、學校等地，然後嘗試一段時間改變交通路線。我曾讀過《富人不說，卻默默在做的 33 件事》，書中強調每週至少改變一次上班路線的重要性，作者解釋說，「儘管靈感可能存在於許多地方，但在熟悉的日常生活中很難被發現，所以選擇走完全不同的路線，能給自己帶來新的變化。通過全新的體驗，可以發現那些靈感所在。」孩

搭配行動圖書館以腳踏車走讀臺灣

子天生好奇,並有強烈的內在動力去發現大人所處的世界是如何運作的。

改變路線,讓孩子標註有意義的地標

　　我改變交通路線的目的是:**讓孩子們透過好奇心,自己去發現路線上有意義的地點**。就像我每當到達一個新城市,會尋找書店和圖書館做為定位參照點一樣。

　　當孩子們發現有意義的地標時,他們會牢記在心,隨著越來越多的標誌出現,像是便利商店、同學的家、圖書館等,孩子們就能夠把這些地點連成一條條的路線,成為自己繪製地圖的強烈動機。

透過「手繪地圖」給予孩子想要的

接下來，可以進入「手繪地圖」的階段，在家中耐心地繪製從家到學校、圖書館等地的路線圖。這樣可讓孩子逐漸熟悉沿途的地理景觀，瞭解附近有哪些便利商店、公園以及各種不同的商店等等。

另外我也鼓勵孩子回想：之前沿路觀察周圍的環境，留意沿途是否有圖書館的指示牌或標誌，然後引導他們思考前往圖書館的路線。

透過實際「走出去」給予孩子能力

完成手繪地圖後，就要讓孩子實際「走出去」。

先讓孩子思考如何前往最近的便利商店開始，思考有哪些路徑可以選擇，哪條路線最短，哪條路線最安全，並和孩子進行相應的討論。最後，兩個孩子經過深入的討論後，表示希望自己未來能夠騎單車去圖書館。

為了實現「騎單車去圖書館」這個目標，我鼓勵他們學會判斷交通信號、觀察對向來車的反光鏡、避免危險行為等安全要素，以便能做出明智

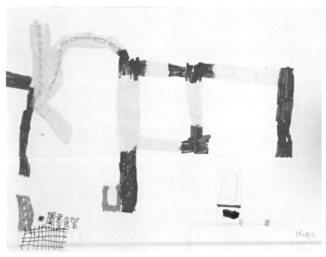

我家老大、老二的手繪地圖

的選擇。我和孩子先討論簡化任務，變成步行前往只需要不到五分鐘的便利商店，沿途透過一系列問題，逐漸讓孩子們瞭解交通安全的重要性。

接著，在家附近的公園讓孩子們熟習基本的單車騎乘技巧。之後，我們安排孩子們以單車形式上路，進行較遠的便利商店之旅。這次練騎的旅程中，我們讓具有較多騎乘經驗的大兒子擔任領頭，爸爸則在最後保護尾巴，而較沒有經驗的小兒子則在中間。

從短距離的成功經驗開始，我鼓勵孩子們學會不那麼依賴父母的幫助，並學會自己解決問題和探索世界。這種親身經歷不僅增強了他們的自信心，還培養了他們的獨立性和創造力。

無論是在圖書館還是生活的其他領域，我都鼓勵孩子們探索和發展自己的能力，並與他們一起尋找更多機會和資源，讓他們能充分利用家附近的圖書館和其他社區資源。透過這樣的方式，我相信孩子們會逐漸養成良好的閱讀習慣和自主學習的能力，不僅僅局限於課堂上所學的知識，而是能夠主動地尋找和探索各種新的資訊和領域。

最重要的是，我希望孩子們明白圖書館不僅僅是獲取知識的場所，更是培養興趣、開拓眼界、拓展想像力的地方，更能讓他們在閱讀和學習中展開美妙的冒險旅程！

走入圖書館的契機：
節慶與活動

《朗讀手冊》是一本談論閱讀的經典好書，書中提到「人與書並不是天生相互吸引的，一開始必須有說合媒介的角色」。而要讓孩子能跟家長一起走入圖書館的契機，通常是一些常態性的活動，以及特定節日或時段所推出的閱讀節慶。活動與節慶給予給孩子一個體驗嘗鮮的良好機會。

圖書館的常態性活動通常有說故事、電影欣賞、閱讀講座、手做 DIY 等等，家長只要查詢一下當地圖書館的官網，瞭解活動是否適合自己孩子的年齡，就可以帶孩子參與活動。

除此之外，圖書館也有節慶性的大型活動，不少圖書館特別選在兒童節等傳統節慶時舉辦相關活動，另外配合世界潮流也有世界閱讀日、臺灣閱讀節、閱讀起步走等活動。

以節慶為契機，和孩子探索當地圖書館

世界閱讀日

每年的 4 月 23 日（World Book Day）世界閱讀日，這一天是英國大文豪莎士比亞逝世的日子，也是幾個著名作家的生日，因此這一天也定為「版權日」，透過這一天表達對作家及他們的著作的肯定。

世界閱讀日起源於西班牙「玫瑰與書籍」的浪漫傳說，中世紀的加泰隆尼亞曾有一條巨龍危害地方多年，人民為求生存，只好送上一名年輕的女子給巨龍當做祭品。輪到了加泰隆尼亞美麗的公主做為祭品時，一名英勇的騎士聖喬治將利劍刺入巨龍的心臟，從巨龍口中救下了公主；神奇的是，巨龍身上噴出的龍血所流過的草地，紛紛都長出了玫瑰花。騎士聖喬治摘了玫瑰花送給公主，公主則回贈象徵智慧和力量的書籍。

西班牙人感念這個日子的意義，每年 4 月 23 日，西班牙的男人與女人雙方就會互贈「玫瑰與書籍」，街上到處是露天書攤和賣花的小販，買書的人都會獲贈玫瑰的習俗一直流傳至今。在這一天，「玫瑰花」的意義不只是愛情，同時也象徵了書香的符號。

1995 年，聯合國教科文組織也將每年 4 月 23 日這一天訂為「世界閱讀日及版權日」，希望藉由全世界慶祝這一天，邀請民眾關注於閱讀與出版，各式各樣與書和閱讀有關的活動，都在世界許多國家展開，可說是全球閱讀活動的大串連，藉以喚起世人重拾閱讀的興趣及對著作版權的重視。從此，4 月 23 日也成為全球愛書人的節日。

世界閱讀日象徵人們傳遞幸福的最佳禮物是一本本的好書，一本好書可以成為好友間情感交流的重要媒介，你會因為一本書認識一個人，也會因為一個人進而認識一本書。在這一天，你可選擇一本好書送給所愛的人，讓好書傳遞你的滿滿祝福，改變看待事情的眼光。

許多圖書館都會在這一天舉辦活動，邀請大朋友小朋友把閱讀變成一趟尋寶之旅，走進圖書館體驗春日閱讀的幸福。

臺灣閱讀節

除了世界閱讀日，臺灣在 2012 年開始辦理「臺灣閱讀節」，這個全國

指標型閱讀節慶活動，通常在每年 12 月的第一個周末。各個圖書館都有講座、書展、表演、說故事、桌遊及各類型的創新閱讀活動等。並且國家圖書館、國立臺灣圖書館、國立公共資訊圖書館、各縣市公共圖書館、各級學校、出版社及全國文教機構，都會共同舉辦的大型「閱讀嘉年華」。

閱讀起步走

英文名稱是「Bookstart」，這是英國圖書信託基金會發起的，推廣讓孩子從小開始養成閱讀習慣的活動。活動與童書出版商以及當地圖書館合作，以「圖書禮袋」的形式提供 0-3 歲為主的幼兒家長免費童書，以及一份推薦的童書清單，並指導家長培養幼兒養成閱讀習慣的方法。

在臺灣，家長只要幫新生兒辦理人生第一張借閱證，就能夠取得豐富閱讀禮袋。不少圖書館會配合醫院的小兒科或兒童文學作家辦理系列活動，時間通常是每年的 8-10 月。家長只要查詢國立臺灣圖書館的官網，就可查到許多專家學者為 0-3 歲孩子所推薦的好書。目的是希望讓幼兒從出生起就能開始接觸書本，藉此養成未來持續閱讀的習慣。

每個節慶都有獨特的習俗與文化背景，而透過這些節慶與活動，能幫助孩子更願意走入圖書館。

最後留給您一個思考的問題

用網路搜尋一下圖書館最近辦理的活動，跟孩子討論一下，他對哪一個活動比較有興趣，約好時間一起去圖書館體驗。也許孩子與你會因此更加愛上圖書館。

節慶	時間	可搭配節慶的圖書館
世界濕地節	2/2	臺江文化中心圖書館——台江國家公園
植樹節	3/12	嘉義市文化局圖書館
世界地球日	4/22	臺中市立圖書館上楓分館
世界閱讀日	4/23	國立公共資訊圖書館等全國公共圖書館
世界候鳥日	5/4	臺北市立圖書館稻香分館
鐵路節	6/9	彰化縣立圖書館——扇形車庫
閱讀起步走	7-12 月	全國公共圖書館
童玩節	暑假	宜蘭市李科永圖書館、冬山鄉阿瘦紀念圖書館
礦山藝術節	暑假	新北市立圖書館瑞芳分館——黃金博物館
大地藝術季	8-10 月	臺東縣文化處圖書館
南國慢讀節	8-12 月	屏東縣立圖書館
熱氣球節	6-7 月	桃園市立圖書館龍潭分館、石門水庫
國家防災日	9/21	埔里鎮立圖書館
世界動物日	10/4	新竹市文化局動物園分館——新竹市動物園
桃園眷村文化節	10 月	桃園市立圖書館新總館
雲林國際偶戲節	9-10 月	雲林縣斗六市繪本圖書館
嘉義市國際管樂節	12 月	嘉義市文化局圖書館
城市空間藝術季	12 月	花蓮市立圖書館
臺灣閱讀節	12 月	國家圖書館等全國公共圖書館

延伸閱讀

◆《你送玫瑰，我送什麼呢？》方素珍／著，小熊出版
◆《親子共讀手冊》林珮伃、陳姣伶、黃琬寧／著，國立臺灣圖書館
◆《騎著恐龍去圖書館》劉思源／著，林小杯／繪，步步出版

打造充滿回憶與知識的
圖書館旅行

我們旅行的目的地從來不是個地理名詞，

而是為了要習得一個看事情的新角度。

—— 《旅行，重新打造自己》

英國作家毛姆曾說：「閱讀，是一座隨身攜帶的避難所。」旅行可以是閱讀的延伸，而閱讀也可以是旅行的延伸。

我喜歡把圖書館的家庭旅行視為我與孩子建立關係的時間。

公共圖書館往往是一個城市的社區交流中心，因此很適合做為一趟旅行的起點。當家長跟孩子計畫去一個特別的城市或鄉鎮，可以當地圖書館做為認識城市的參考座標，向周圍探索景點、美食與活動，走進臺灣踏實又溫暖的土地，讓親子間有一種深度的連結。

為了在圖書館家庭旅行中，能夠享受與孩子相處在一起的樂趣，累積愛的存款，同時積存美好的回憶成為平日生活的另一股動力。要滿足這些美好的遠景，**我推薦家長用「回憶倒帶式」的旅行規劃法，也就是每回旅行開始前，家長與孩子先預想自己最期待這回旅程的哪一個部分，而這部分如果用相機拍出來會呈現出什麼樣的畫面。有了這樣的畫面，就可以往回推演旅行該如何進行。**

我的孩子擁有在各地圖書館旁踢足球的回憶

地理座標式的說走就走

我的兩個孩子都很喜歡坐火車，每次的火車之旅，我與孩子最懷念的就是在火車上一起看的風景，以及坐著各種火車或高鐵的樂趣。因此每次規劃要去哪裡旅行時，我和孩子就會用臺灣地圖來討論：目前還有哪些地方，我們沒有搭乘火車去過，然後選定幾個火車站，納入下次旅行的願望清單，並嘗試安排不同的火車車種（自強號、復興號、普快車等等）去體驗。

主題尋寶式的旅行

從最近孩子在閱讀的書籍或討論的話題中找到旅遊的想法，例如我家兩個小男生有一陣子很喜歡昆蟲（獨角仙、鍬形蟲、長戟大兜蟲等等），那陣子我借了大量的相關書籍和孩子們一起閱讀，那時我們都很期待能有「把甲蟲放手上觀察」的畫面，於是，有一回假日我就帶著孩子到南投的森

林去實地踏查。

　　孩子過去從書裡所獲得的甲蟲知識，那一天讓他們可以更詳細地進行觀察與比較。觀察力是看事情的角度，透過實地觀察與書中知識的比對，能幫助孩子找到屬於自己的看法與判斷，讓知識化為真實生活的體驗。

問題意識的圖書館探索

　　孩子因著旅行的體驗，會充滿了許多想滿足好奇心的一些疑問，想要主動探索。這時之後的行程，再安排到圖書館就是一個很好的選擇。因為孩子在戶外體驗消耗大量體力後，在圖書館裡，孩子就能很專注地進行探

問題意識讓圖館之旅變成了探險

五感真實世界的探索讓孩子回頭從書裡找答案

索，找尋與翻閱書籍，慢慢找到自己想要獲得的解答。這個過程裡，家長與孩子也會產生許多可以一起討論的話題。同時，家長也可運用在圖書館的時間，為自己找一些喜歡的書，和孩子一起享受圖書館裡的時光。

即便有再完美的準備，實際的旅行還是不時充滿了意外，不妨讓這些意外成為你與孩子的驚喜機會。也可在行程中預留一個彈性時段，製造機會讓孩子與當地的居民或圖書館館員進行互動，讓孩子們學會開口尋問當地人的建議，也許你們會發現一些私房景點、美食或一些新奇的體驗。與其花費大量去搜尋網路上的評論，當地人的建議有時更加省時有力，也能創造旅程中的幸福感。

最後留給您一個思考的問題

想想看過去旅行中，與孩子最鮮明的回憶是哪一個，嘗試把這樣的片段安排在下回的旅行中。

Chapter

2

貓頭鷹爸爸的

圖書館教養課

那些年一起閱讀的日子成為資產

數位時代的閱讀不僅僅是「讀了」，還要能「理解」，並轉化成「思考、判斷、解決問題的能力」，從共讀過程中可以不斷調整你與孩子的關係、孩子與書之間的關係。

如何建立
家庭共讀的儀式感

我們深愛的人的示範，就是讓我們改變的關鍵。

——頓恩・豪德沃

　　從發展心理學來看，越小的孩子越需要透過每天重複的儀式，去建立孩子的安全感以及他的秩序感。儀式感本身讓某一時間點與其他時間點不同。它讓我們對於某件經驗能再度發生有把握，並讓我們產生安全感。

　　知名法國兒童文學《小王子》中，有一段小王子與狐狸的對話，充分說明了「儀式感」的價值。

　　小王子在馴養狐狸後，狐狸對他說：「你每天最好相同時間來。」

　　小王子問：「為什麼？」

　　狐狸回答：「如果你任意什麼時候來，我就不知道在什麼時候該準備好我的心情。比如，你下午四點來，那麼從三點起，我就開始感到幸福。時間越臨近，我就越感到幸福，能發現幸福的價值……所以應當有一定儀式。」

　　聽到小王子的這段描述，你會不會也想來個充滿幸福的儀式呢？

　　我會開始進行親子共讀的儀式，起源於我聽到一個美國男性朋友小時候的故事。

這位朋友說他小時候居住在很冷的地方，常常在入睡之前，媽媽會用一件內裡有滿滿柔順長毛的溫暖大外套將他和弟弟包在裡面，然後說故事給他們聽。他媽媽說這外套是「可以聽故事的大熊外套」，想要聽故事時，就拿這個大熊外套來找媽媽。

　　在幾個有媽媽說故事的夜晚後，他和弟弟逐漸愛上了這可以聽故事的時光，有時媽媽沒有空時，他和弟弟也會自己拿著大熊外套包裹住身體，講故事給彼此聽。後來媽媽因病過世，這個大熊外套成為他與弟弟感受媽媽溫暖的最重要依據。這個大熊外套上記錄了他們與媽媽的快樂共讀時光，也記錄了點點滴滴媽媽的愛。

　　這故事讓我認真地想了幾回：我想著，在孩子長大成人之後，回想和父母共度的時光，腦中浮現的畫面會是什麼呢？是爸媽一直在滑手機、還是爸媽一直在忙工作⋯⋯；這些都不是我想要的畫面。我想到「陪伴孩子共讀的時光」，這件事是我所能給孩子最珍貴的禮物。

　　由於孩子在白天充分釋放了精力，晚上刷牙洗好澡的睡前時間，孩子的身心容易放鬆、安靜下來，因此更容

共讀的時光是給孩子最珍貴的禮物

易進入專心閱讀的狀態。隨著好幾個說故事的夜晚之後,慢慢的,我透過故事書與繪本與孩子互動。孩子越來越喜歡跟我聊著故事內或故事外的種種,僅僅只是每天的十五分鐘,卻成為我與孩子關係的重要橋梁,而我也從中發現孩子使用的語言與想像力更加被擴展。

建立屬於我們家的親子共讀儀式

孩子從引導者身上的示範或觀察後,展現了模仿學習的傾向。如果你每晚給孩子讀一本書,那麼一年就是 365 本;2 年 730 本;3 年就能讀完 1095 本書!

我們可以參考美國圖書館界有一個很受家長歡迎的活動——上幼兒園前讀 1000 本書(1000 Books Before Kindergarten),鼓勵家長為孩子進行大量的親子共讀。所謂讀 1000 本,並不是讓孩子完全獨立閱讀,而是要家長陪伴孩子共讀。有的圖書館會給家長一張紙做記錄,每讀完一本書就填上一種顏色;有的圖書館是用 app 來記錄,或是提供記錄本讓親子每次共讀完一本書,親子都要一起記錄共讀的書名和作者。

原則上讀什麼書都是可以的,根據孩子的認知需要來自行決定。而閱讀 1000 本書,1000 其實是記錄閱讀完一本書的次數;也就是同一本書你可以看好幾次,不一定是要讀完一千本不同的書。

透過畫圈圈、貼貼紙等,將閱讀歷程圖像化的方式,讓家長與孩子共讀的目標具體化,獲得美國很多家長和孩子們的喜愛。每讀完 50 本書或 100 本書,孩子就可以到圖書館領取一個小禮物,如貼紙等。另外像很多社群媒體活動流行「拍照打卡」一樣,家長與孩子透過看完 100、200、300

本書的里程碑打卡版，拍照 po 出自己與孩子的閱讀成果。而完成 1000 本書的挑戰後，孩子則可以免費獲得一本書和一張證書。透過這樣的共讀活動，慢慢陪伴孩子的閱讀習慣，也充滿了儀式感與幸福感。各位家長在家裡不妨也嘗試挑戰看看。

如果你覺得共讀 1000 本實在是太難了，那就先從跟孩子共讀第一本書開始吧！如果住家要營造適合閱讀的環境有點困難，很簡單，那就週末帶孩子去圖書館走走，一起找一本好書，再找一個你與孩子都喜歡的角落坐下來，就可以開始進行共讀了。

越小的小孩越受到他所經驗到的環境影響，因為幼兒就像海綿般的吸收性心智，會將所體驗的全盤皆收，不論好的或壞的，都會內化成他的一部分。因此，當我們在進行親子共讀的時候，撒下的一顆顆閱讀種子在孩子心田裡，預備好讓種子能發芽成長的土壤，讓這些成為孩子未來的重要基礎。

把親子共讀變成家庭的一種儀式，其實沒有一些家長們想的這麼難，你可以想像自己就好像每天呼喚掃地機器人打掃一樣。掃地機器人打掃完家裡，消耗許多能量後，總是會回到他的家（充電座）補充能源，直到重新充滿電力能量才會重新出發。換做我們的孩子，在消耗了一整天的電力後，同樣也是有回家充電的需求，而我們建立的家庭共讀儀式，可以成為孩子滿足安全感、補充能源的一種過程。

搭配親子共讀時光，家長還可以透過儀式化，將參與圖書館的過程讓孩子感受更加深刻，從辦理借書證到自助還書、每週末去圖書館等等儀式，去體驗每個儀式背後的力量。

我很慶幸的是，在老大跟老二陸續出生後，過程裡慢慢體會身為一個不擅言詞的父親，如果想保持與孩子的優質互動，是需要與孩子建立獨特的互動儀式。而我與孩子最受用的儀式正是睡前的親子共讀時光。

　　孩子閱讀書本並不是像喝奶一樣，天生有驅力會自然養成，而需要一個中介的媒人去搭建橋樑，而每天預留至少花十分鐘與孩子共讀，正是陪伴孩子、與孩子建立親密感的重要途徑。

最後留給您一個思考的問題

想想看從今天起，規劃什麼時候？什麼地點？以及預計花多久時間？陪伴孩子進行親子共讀呢？

延伸閱讀

◆《每個孩子都需要家庭儀式》Melanie Grässer, Eike Hovermann ／著，采實文化
◆《儀式感：把將就的日子過成講究的生活》高瑞灃／著，時報文化
◆《個人儀式的力量》Casper ter Kuile ／著，采實文化

親子共讀前，
先學習讀懂孩子的心

從人們如何回答：你最喜歡的是哪一本書？

就可以知道關於他的一切。

——《A.J. 的書店人生》

當許多家長理解了親子共讀的重要性之後，往往會以為進行親子共讀最重要的是「讀」這個字，盡可能與孩子多讀一點好書，其實共讀最重要的是先從「共」這個字開始。

怎麼說呢？

如果要一起共讀，就必須要兩方都有意願來進行。孩子天生就有好奇心，會渴望理解這個世界上的東西都是怎麼運作的，這個世界上的人是怎麼回事兒，而孩子探索這世界的渴望，往往取決於孩子和家長的關係好不好。

家長總會想給孩子最好的，不管是最好的書籍、最好的環境、最好的……而這些家長以為的最好，相反的，對於孩子來說，未必是他認定的最好。反而在這些無意識想要控制孩子想法的行動，可能限制了孩子自主的意願與選擇，連帶影響了孩子想要探索這個世界的渴望。因此，**要進行親子共讀，更多時候焦點要放在家長跟孩子的關係，而讓書本成為家長可**

與孩子互動的媒介。

共讀行動的第一步，也是家長必須學習的：不是先一股腦地盤算如何讀給孩子聽，而是觀察孩子自己如何讀，再反過來思考要如何給孩子協助。

而讀什麼、怎麼讀，之後都可以跟孩子一起慢慢調整。千萬別忽略了尊重每個階段孩子能力成長的發展特性，以及不同個體的差異性，共讀的過程裡給予孩子能夠參與的空間，不管是讓孩子自己讀讀看、猜猜看接下來的內容，或是讓孩子表達自己的相關經驗。

自主學習專家唐光華老師曾說：「面對每個孩子的個別生命，所有偉大理論都要謙虛。」

我自己就從兩個孩子身上體認這點的重要性，從我的大兒子出生以後，我就嘗試每天晚上睡前固定說故事給他聽、花時間與他對談故事的內容、並透過這個對談的過程來聆聽他的想法。每當我想起日本圖畫書之父松居直的這段話，「父母親用自己的的口，將文字一句一句地說給孩子聽，就像一粒一粒地播下語言的種子。」我就感到享受身為父親的喜悅，透過每晚的睡前共讀時光去慢慢注入對孩子的關愛、慢慢注入給孩子對圖像語言與文字語言的愛好。

然而這樣陪伴大兒子的成功模式，放到小兒子身上卻行不通。氣質不同的小兒子出生後，要讓他安安分分坐上幾分鐘不是一件易事。我也慢慢發現他的自主性很強，同一種方法放在大兒子身上是熱情，放到小兒子卻是勉強。我深刻體驗到，即便自己過去有大量與孩子陪讀的經驗，也學習過不少親子閱讀的理論，然而面對每個孩子的個別生命，我仍深感需要跟

著孩子一起成長、改變自己的定見。

　　因此我後來不再用自己的舊思維來替孩子決定要如何選擇、或要看什麼書，而是花更多時間觀察他的喜好，再盡可能將他的喜好與所閱讀的書籍連結起來，讓孩子感受到有充分的自主權去選擇書籍。舉例來說，小兒子約一歲半時，我發現他很喜歡警車，甚至會模仿警車的聲音，隔天我就將與警車主題相關的多本圖書借回家，擺放在家裡的各個角落，因著熱情，他自然而然就開始就拿起書不斷翻閱。

　　孩子想讀的這些書，都不是我選擇讀給他聽的，而是由他先從一群書中選擇他所愛的翻閱。提醒家長們，不要打斷孩子的專注，等他滿足後我們再用書的內容與他互動。這堂共讀課讓我學到：需要改變的往往不是孩子，而是父母自己。許多爸爸們往往會認為媽媽比較擅長教養孩子，而投注較少心力在孩子身上。然而如果想孩子長大，還能繼續願意跟你親密對話，這點投資一點都不多，而且相當值得。

　　每週只要花點時間帶孩子到圖書館，讓孩子透過擁有自己的借書證選擇自己想看的書、享受在不同角落的閱讀氛圍，而回家後爸爸仍能透過共讀與孩子對話，就能給孩子一個容易養成閱讀習慣的環境。最重要的是別忘了：親子共讀前，先學習讀懂孩子的心。

延伸閱讀 ....

◆《播下幸福的種子》松居直／著，青林出版
◆《你和你的孩子》Terry Malloy ／著，及幼文化
◆《教養是一種可怕的發明》ALISON GOPNIK ／著，大寫出版

養成閱讀習慣
需要里程碑思維

不要小看累積，累積漸有可觀，別有深沉力道。

——李安

　　許多家長都知道閱讀的重要性，一開始都願意陪伴孩子進行共讀，然而共讀要堅持下去卻不是很容易。這時建議家長們可試試里程碑思維，里程碑思維能讓困難的事情變簡單。

　　什麼是里程碑思維呢？里程碑思維就是當你與孩子要一起邁向一個大目標前，先把大目標切分成一系列的小目標；達到小目標時，就要給彼此一個回饋。尤其是需要長時間才能完成的大目標，就必須記錄或表揚重要的里程碑。這個過程就好像是玩線上遊戲、打怪破關一樣，每完成一個小目標，打敗一個小惡魔，就給自己與孩子一個小獎勵。累積起來的能力感，就擁有了打敗大魔王的勇氣與自信。

　　設置里程碑的好處是，家長讓孩子的進步能看得見。每完成一個小里程碑，孩子能明確感到自己的水準跟以前不一樣了。甚至在某些時候需要暫停一下，去慶祝一個重要的里程碑。這可以鼓舞士氣、啟發靈感、並維持精力去完成剩下的路。

　　要有好的結果，家長必須協助孩子把他一路的進展特別標註出來。親子教養是一場大規模的馬拉松，不是贏在起跑點，而是要一直保持動力往前跑。

中輟生的生命故事

　　我在成為一個圖書館館員前，曾經是一個負責追蹤輔導中輟生的社工，嘗試透過不同方式去陪伴這些孩子，帶領他們重拾對學習的渴望。

　　這些孩子由於過去學校中的經驗，一開始就對書籍就有了成見，總是把書籍視為是一個非常無聊的東西，他們會說線上遊戲比書籍好玩太多了。當時的我為了鼓勵這些中輟生，把帶領他們進入閱讀的過程劃分成四個里程碑。

第一個里程碑

最初一開始是發現了這些中輟生想要到處旅行走走的想法,於是我透過一台有翅膀的行動圖書館,裡面裝載了約一千本童書,載著這些中輟生到偏鄉小學、社區大樹下、廟口等地走走,單純想讓他們感受到處觀光的樂趣。

第二個里程碑

我開始邀請這些中輟生跟著許多小朋友一起聽我說著不同的故事,去感受其他小朋友聽故事的熱情回應。慢慢的,他們也能融入其中,體會閱讀的氛圍。

第三個里程碑

慢慢地去挑戰這些中輟生,讓他們偶爾幫點小忙,像是幫忙一些小朋友進行取書與還書、整理圖書等等。

第四個里程碑

邀請他們坐在一些小朋友旁邊一起看書,只要靜靜的陪伴就好,不需要說任何話。

經歷這四個里程碑後,我發現這些不愛閱讀的中輟生,從最初只是聽故事的聽眾,到逐步給予鼓勵和挑戰後,不少中輟生藉由陪伴共讀的過程,找到被認同、被肯定的價值感;甚至後來也鼓起勇氣開始拿起了繪本,講給身旁的小朋友聽。隨著說故事的口吻越來越自然、越來越放鬆,圍觀聽故事的小朋友也越圍越多,小朋友們聽得津津有味。說故事的大哥哥最後

還成為小朋友們爭相撒嬌的偶像。藉由雙向互動，讓許多中輟生再度找回自信，也增進小學生的閱讀興趣。

這些中輟生所體驗到的榮譽感來自一點一滴、不被勉強而來的小成就，榮譽感來自被別人認可，最後幫助了這些原本是校園裡的麻煩人物，轉變成到偏鄉學校說故事的大哥哥、大姊姊。

從這個案例中，我們可以發現千萬別小看標記里程碑的力量，當一位家長願意與孩子分享自己的閱讀經驗，並且帶領小孩從選書、念讀故事、從書堆中找書、聊書……以及第一次進到圖書館、第一次辦理借閱證、第一次借書還書、第一次聽爸爸媽媽說故事，許許多多的第一次里程碑，點點滴滴的累積，這時閱讀的魔力已經在慢慢發酵。

里程碑對於路人來說，是一個個小小的成就。看到一個個里程碑，知道自己在一點點靠近目標。人與書往往並非一開始就相互吸引，要成就讓孩子成為愛書人這個大目標，必須透過不同階段的里程碑，慢慢引導孩子

因著中輟生哥哥姊姊的陪伴，孩子們愛上了閱讀。

看見自己的小成就，他才能慢慢體會到閱讀的魅力。

最後留給您一個思考的問題

拿出你的圖書館借閱證，或上圖書館的官網查一查你過去的借閱紀錄，想一想為孩子所借閱的書籍中，孩子最喜歡的是哪幾本書？然後和孩子討論看看，讓孩子也可以發掘更多自己閱讀的里程碑。

延伸閱讀

◆《關於跑步我說的其實是……》村上春樹／著，青林
◆《每個人都做得到的清單工作術》Michael Sliwinski ／著，商周出版
◆《辦到了日記》永谷研一／著，采實文化

協助孩子終身學習：
掌握閱讀發展的關鍵階段

養育的重點不在於掌握某一方面的技能，

而是讓他學會面對未來的不確定性。

—— 《THE GARDENER AND THE CARPENTER》

　　孩子身心的全方位發展都與閱讀有著緊密的關聯。從生理上，孩子們需要有健康的身體與正常的感官發展，才能進行有效的閱讀。從認知上，孩子們需要理解周遭的環境，足夠的相關常識，並對事物有自己的判斷。從社會互動上，孩子們需要有同理心，才能對書籍故事中的角色與經歷，產生感同身受的反應。

　　美國哈佛大學閱讀心理學家珍妮・夏爾（Jeanne Chall），以心理學家皮亞傑（Jean Piaget）認知發展四階段為基礎，主張「閱讀是一種問題解決的形式，讀者在調適或同化的歷程中，適應環境的要求」。夏爾將閱讀發展分為六個階段，每個階段都有其特定的閱讀目標。而我們該如何從閱讀發展的角度，協助孩子在圖書館中使用自主學習呢？首先，我們需要瞭解孩子在不同發展階段的閱讀需求和能力，為不同階段的孩子提供適切的鷹架，以幫助他們發展閱讀技巧和增加閱讀理解能力。

零階段：「前閱讀期」（pre-reading）

這個階段的幼兒大約從出生到上小學前的年齡段。孩子開始認識符號、單字和自己的名字，並且對閱讀有一定的興趣。這個階段的重點是，建立幼兒對閱讀相關知識的基礎，包括文字概念、注音符號和書本概念，如書名、封面、封底等，由布書、硬頁書等去學會一頁一頁的翻書。

這時的幼兒開始熟悉語言和聲音之間的對應，因此非常仰賴「親子共讀」的基礎。建議家長們要為孩子提供豐富的聲音和文字體驗，例如帶孩子去圖書館參與說故事活動、引領孩子指讀繪本，把看到的字唸出來等，讓孩子建立起對文字的認識和興趣。

階段一：「識字解碼期」（decoding）

這個階段大約在小學一、二年級。孩子進入體制學校就讀，開始學習識字和閱讀簡單的文章，同時逐漸具備文字解碼能力。在這個階段，家長可以提供簡單且具有圖片輔助的繪本讀物，幫助孩子認識基本的字詞和注音，並鼓勵他們進行閱讀練習。圖書館中的繪本和圖鑑等啟蒙讀物是很好的選擇，可以讓孩子循序漸進地發展識字能力。

階段二「閱讀流暢期」（confirmation）

這個階段大約在小學三、四年級。孩子已經認識了許多字，可以流暢地閱讀適合自己程度的文章。然而，他們可能還無法從文章中吸取新知識，閱讀主要是增加識字量和確認已有知識。家長可以提供適合閱讀程度的書籍，讓孩子能夠流暢閱讀並理解內容。同時透過多跟孩子說話、用多樣的辭彙、使用正面的言語，引導孩子進行閱讀理解的訓練。並以提問故事情節、角色特徵等方式，提升孩子們的閱讀技巧。同時為了建立孩子閱

讀的流暢性，可大量閱讀許多熟知的故事。

階段三：「閱讀學習期」（reading to learn）

這個階段大約在小學五、六年級。孩子開始通過閱讀獲取新知識，但他們傾向於閱讀論點清楚、單一角度敘述的讀物。這階段的孩子喜歡閱讀知識性的書籍，所以可以多提供百科全書、科學書籍等知識類讀物。同時，家長可以引導孩子們思考和探索文章中的不同觀點，培養他們的批判思維和分析能力。

階段四：「多元觀點期」（multiple viewpoint）

這個階段大約在國高中時期。孩子開始閱讀多樣化題材和詞彙較艱深的書籍，也開始可以處理文章中的不同觀點，並從不同角度和立場來看待事情。這時，家長可以引導孩子們閱讀具有不同觀點和立場的文章及書籍，讓他們學會思考多元的觀點和意見，同時透過討論、辯論和寫作活動來激發他們對不同觀點的理解和評價能力。

階段五「批判式閱讀期」（construction and judgement）

這個階段發生在 18 歲後，通常是大學階段。孩子能夠以批判的態度閱讀，並利用已有知識分析新資訊，從而選擇自己關心的議題，並決定如何閱讀相關資料。家長可以提供有挑戰性、有深度的書籍和資料，來激發他們的思考和探索，並鼓勵他們從不同的角度來審視和評價所閱讀的內容。

需要注意的是，這六階段只是基於平均情況下的發展常態，每個孩子的發展速度和能力都可能有所不同。孩子是否能夠達到每個階段的閱讀目

標，取決於家庭和學校的引導和協助，因為個人的條件與環境都對學習有著重要的影響。

　　閱讀發展是一個連續的過程，每個階段都建立在前一個階段的基礎上，並且技巧上也會有重疊的部分。例如，形、音、義的練習在每個階段都存在，只是難度不同。如果孩子在某個階段的發展尚未準備好，他們仍然可以在日後補足，家長不需要為此過度焦慮。

　　從閱讀發展的角度來看，孩子在使用圖書館時，瞭解孩子們的閱讀發展階段，為他們搭建自主學習的鷹架，對於協助孩子們在圖書館中自主學習至關重要。這些階段提供了指導孩子閱讀能力發展的鷹架，家長可以針對孩子們的需求提供適切的支持和指導。如果發現孩子在特定階段的能力尚未達到，可以尋求語言治療師等專業人士的進一步評估和協助，以確保他們能夠順利發展閱讀能力，享受閱讀的過程。

七大免費線上故事資源，
居家打造互動良好的親子同樂氛圍

　　新時代的家長究竟該如何帶孩子一起使用圖書館呢？如果你想到的還只有「借書、還書」，而不曉得運用圖書館豐富的線上資源，就沒有追上潮流囉！現在不用出門，就能隨時上網聽故事、看電影。像是國立公共資訊圖書館（以下簡稱國資圖）的「數位資源入口網」就蒐羅豐富的數位資源，全國讀者只要用國資圖借閱證帳號、密碼登入，就可免費使用包含兒童繪本等超過 100 個不同主題的資料庫，在家就能享受 24 小時數位閱讀不打烊的樂趣。以下推薦七個適合親子同樂的資料庫，特別適合國小以下的學童的使用。

國資圖數位資源入口網址

https://www.nlpi.edu.tw/DigitalResources

線上辦證 5 步驟，電子書借閱、數位資料庫使用一證通

 1

數位借閱證辦理
進入國資圖官網
https://allpass.nlpi.edu.tw/#/termsofservice

讀者服務

借閱證申請

2

註冊
填寫資料後，上傳身分證件完成辦證。

3

連線至國資圖數位資源入口網
http://ers.nlpi.edu.tw

 4

點選欲瀏覽的電子資料庫，
或查詢搜尋特定資源的名稱，會自動跳出登入視窗。

 5

輸入帳號（身分證號）及密碼登入，
即可開始使用各項數位資源。

註：部分數位資源可在行動載具上使用，詳見各資源簡介。

一、圓夢繪本資料庫

使用方式：無需登入，可直接使用。

以「原創精神為自己圓一個繪本創作的夢」為特色，打造的繪本創意作品交流園地與作品展示舞台，收錄地方特色、得獎繪本以及學生創作的作品等一千多種。同時提供文字隱藏、有聲朗誦及加註漢語拼音等功能選項，可依需要自選閱讀模式。

各電子繪本標註適讀年齡並收錄相關教學資源，如提供教案及著色紙等供下載，適合親子共讀或教學運用。

二、TumbleBooks 互動英文電子書

使用方式：國資圖借閱證的帳號、密碼登入，僅提供電腦版。

生動活潑的英文故事資料庫，除了真人發音外，還加入動畫、配樂、影像等多元形式，能讓孩子在輕鬆的氛圍下，享受閱讀英文故事的樂趣。內容包含古老的傳說、現代流行的故事、展現多元文化的生活學習、提供西班牙、法語等的第三外語學習、培養進階閱讀能力的短篇小說，並搭配遊戲、測驗及教案。

三、格林咕嚕熊親子共讀網

使用方式：國資圖借閱證的帳號、密碼登入。每本書同時上線人數 1 人。

　　收錄格林文化歷年出版的精選繪本，有古今中外大師與各地的世界級插畫家，聯手將最動人的故事、最精緻的插畫，結合優質的聲音、豐富的動畫，為孩子合奏出一本本繽紛的繪本故事，豐富孩子的生活與心靈。

　　這個資料庫還提供超過 150 本繪本的英文版，由空中英語教室的專業外籍老師錄製的，讓孩子從故事中輕鬆學英語。

四、FunPark 童書夢工廠

使用方式：國資圖借閱證的帳號、密碼登入。

行動載具 APP：FunPark 童書夢工廠

　　嚴選國內童書，包含故事館、刊物館、英文館、學習館、詩詞館等五大主題，超過 250 冊繪本圖書。提供讀者自由選擇閱讀書單、檢視閱讀紀錄、分享創作等，多功能互動式的電子童書平台。

五、布克聽聽兒童數位閱讀網

使用方式：國資圖借閱證的帳號、密碼登入。同時上線人數最多 10 人。

專為兒童所成立的數位閱讀學習服務平臺。內容匯集臺、港、美、英、法等地知名出版社精選，國外名家之版權動畫加值後，搭配音樂及音效，成為備受喜愛的動畫繪本，並可將內容下載於電腦、智慧型手機、MID 等載具上。

六、親親文化 Little Kiss 電子書

使用方式：國資圖借閱證的帳號、密碼登入。

專為 3 歲以上孩童編寫的生活英文小故事，內容涵蓋生活中自然與人文領域的觀察與學習，從書本影像中讓孩子體驗、融入自然，引發學習興趣，並由專業英文配音員錄製旁白，讓孩子輕鬆學英文。

七、視界電影院公播大平台

使用方式：國資圖借閱證的帳號、密碼登入。同時上線觀賞人數最多50人。

　　收錄百部以上多元主題與熱門院線影片的線上串流平台，像是湯米・溫格爾的知名作品《月亮先生》改編動畫、日本暢銷百萬的國民童書《黑貓魯道夫》動畫電影、金馬影展的閉幕片《幸福路上》、東野圭吾的暢銷小說《解憂雜貨店》改編電影等等，都能在上面隨選隨看。

　　平台上的影片為非商業用途的使用，可在家庭內觀賞，不可以透過此平台直播及轉播。

Google、ChatGPT 無法取代的自主學習資源

告訴我，我會忘記。教我，我會記住。讓我參與，我會學習。

——班傑明‧富蘭克林（Benjamin Franklin）

使用 Google 或 ChatGPT 看似很快速就可以找到所有問題的答案，但前提是我們要有一個清晰的知識架構結構，才能提出正確的問題並找到關鍵點。而圖書館所提供的線上資料庫，不僅是一個找尋知識的地方，還提供了有系統分類且組織的資訊和知識，能讓人更輕鬆的依據不同主題進行深入的探究，有系統的累積特定領域的專業知識。

好奇心是一切探索的開始，針對國小以下學童自主學習的需求，建議家長先引導孩子觀察現實世界，激發他們內在的好奇心。這時，再呼應所觀察的內容，引導孩子去運用圖書館內的線上資料庫，用主題、年代等知識架構進行查詢，能幫助孩子延展好奇心。

線上資料庫：讓孩子開展好奇心、學習問好問題

要如何利用圖書館的線上資料庫進行專題探究、或自主學習呢？以下以國資圖為例，全國讀者只要以國資圖借閱證帳號、密碼登入，就可免費使用超過 100 個不同主題的資料庫。

1. 線上辦證，電子書借閱、數位資料庫使用一證通。（請參看 p76）

2. 登入數位資源入口網

3. 選擇適合的線上資料庫

　　讀者可以根據興趣研究主題或自主學習的目標，以類別、關鍵字搜尋等方式去選擇適合的資料庫。例如，如果孩子正在學習跟昆蟲相關的主題知識，可以選擇自然科學資料庫類別的「昆蟲圖鑑小百科」資料庫。

4. 以關鍵字或主題搜尋資料庫

　　進入各資料庫後，可以使用關鍵字搜尋資料，也可以選擇分類、年代、地區等篩選條件來重新排序尋找資料，也可以透過閱讀文章、瀏覽圖片等方式來瞭解興趣主題。

5. 記錄、整理資料

　　讀者可以將搜尋到的資料進行記錄，例如製作筆記、整理文件、製作心智圖等資料形式，就能更清楚的瞭解資料內容。

6. 分享成果

　　專題探究或自主學習完成後，我們可以鼓勵孩子將研究成果分享給同學、老師。同時還可以使用演講、海報、網頁等形式來呈現研究成果。

搭配自然觀察的延伸推薦線上資料庫

　　以下資料庫，皆只要用國資圖借閱證的帳號、密碼登入「數位資源資源入口網」就可使用。

一、昆蟲圖鑑小百科

　　收錄臺灣常見昆蟲共 10 目、41 大類、1,500 種昆蟲的生態圖文資料，提供使用者進一步探索昆蟲世界。附有每一類

目的「身體結構示意圖」，可隨時與照片比對該種昆蟲的身體結構，深入瞭解不同種類的相同特徵與細微差異，讓學生實地瞭解每一種昆蟲在大自然中最可愛、最生動的樣貌。

★ 延伸閱讀：《昆蟲入門》（張永仁／遠流）、《昆蟲圖鑑》（張永仁／遠流）、《昆蟲圖鑑 2》（張永仁／遠流）

二、華藝自然世界（airiti Nature）

精選蝴蝶、樹木及地質等三個自然主題內容，深入介紹自然萬物的特性、生活環境、外觀特徵及生態地位，為豐富多元、深入淺出的圖鑑資料庫。可依照「物種特徵」、「分類科目」進行內容檢索。線上同時使用人數以 50 人為限。

★ 延伸閱讀：《台灣蝴蝶圖鑑》（李俊延、王效岳／貓頭鷹）、《專為孩子設計！趣味樹木圖鑑》（林將之／美藝學苑社）、《億萬年尺度的臺灣：從地質公園追出島嶼身世》（林書帆等／衛城出版）

三、牛頓教科書影音資料館

涵蓋動植物、自然生態、歷史、民俗、人文等不同領域的影片。榮獲 2006 年度數位出版創新獎佳作的「牛頓影音資料庫」，為使臺灣兒童、青少年透過影片進一步認識自己的鄉土及瞭解宇宙萬物，影片內容介紹臺灣各個具有生態特色區域，包括最原始自然風貌的國家公園，進行深入的自然觀察，提升學童對自然界的欣賞水準與享受能力，並融合生活教育、環保教育、安全教育以及人文精神教育等，兼顧孩子全方位的發展。

四、臺灣自然大百科影音資料庫：兩棲爬蟲篇

第一套收錄最豐富的臺灣兩棲爬蟲類的影音資料庫，涵蓋常見種、特有種、保育類等物種的生態影片、生態習性、生活行為、鳴聲等精彩畫面。

★ **延伸閱讀：**《國家地理終極爬蟲百科》（克麗絲汀娜・威爾斯頓／大石國際文化）、《臺灣蛙類與蝌蚪圖鑑》（楊懿如／貓頭鷹）、《打造爬蟲類、兩棲類的專屬生態缸》（川添宣／台灣東販）《兩棲、爬行動物小百科》（Young／啟得創意文化）

五、臺灣魚類學習知識庫

收錄臺灣常見的 688 種魚類資料、1700 多張珍貴生態照片、手繪圖與精緻標本照；除原書內容外，更加入大量的多媒體資源，結合資料庫檢索技術，增添一百多個生態單元影片及多媒體動畫解說，強化魚類辨識的動態內容與觀察面向。

★ **延伸閱讀：**《魚類百科圖鑑》（福井篤／晨星）、《魚類觀察入門》（邵廣昭，陳麗淑／遠流出版）、《史上最完整魚類海鮮圖鑑》（挪亞方舟文化創意工作室／和平國際）

六、臺灣蕨類學習知識庫

這個知識庫改編自遠流臺灣館暢銷書《蕨類入門》與《蕨類圖鑑》、《蕨類圖鑑 2》，收錄 34 科、60 種臺灣常見蕨類資料以及兩千多張珍貴生態照片，結合影片的多媒體設計，可從不同角度觀察臺灣蕨類樣貌。

★ **延伸閱讀：**《蕨類入門》（郭城孟／遠流）、《蕨類觀察圖鑑 1》（郭城

孟／遠流）、《蕨類觀察圖鑑 2》（郭城孟／遠流）

七、National Geographic Virtual library 國家地理雜誌英文版

依照國家地理雜誌出刊內容完整呈現，並提供多欄位檢
索。收錄自 1888 年創刊至今的雜誌內容，並提供檢索功能。
內容涵蓋文化、全球事件、自然科學、技術、環境方面等，提
供全面、及時的文章和傳奇的照片。

★ **延伸閱讀書籍**：《國家地理封面故事》（馬克‧柯林斯‧詹金斯、克里斯‧
強斯／大石國際文化）、《探險家學院：猛虎的巢穴》（楚蒂‧楚伊特
／大石國際文化）、《科學詭案調查局》（艾莉卡‧恩格豪伯／大石國
際文化）

如何探索圖書館空間與
服務發現樂趣

　　每週我都會帶孩子去逛圖書館,不僅會去家裡附近的圖書館,偶爾還會特別搭配旅行帶他們到比較遠的圖書館,而這些旅程都讓孩子參與規劃。像是和孩子一起討論去圖書館的交通方式與路線、想找的主題書籍,或是孩子想參與的活動。如何規劃行程可以尊重孩子個人的意願,重點是家長要有計畫的長期進行,透過每次的旅行和這些過程,累積更多親子關係的樂趣。

孩子探索圖書館的過程有賴大人成為安全堡壘

愛默生說：「圖書館是一座神奇的陳列大廳，在大廳裡人類的精靈都像著了魔一樣沉睡著，等待我們用咒語把它從沉睡中解脫出來。」

為了喚醒圖書館中沉睡的精靈，提供以下幾點「逛圖書館的建議」：

1. 沒有目的的閒逛

跟孩子一起隨意地走走，不一定要特別找到什麼書，可以與孩子討論喜歡這個圖書館的哪些特點，然後順著這些特點走；最好可以到過往不會去的區域走走，也許會發現屬於你與孩子的祕密空間。在這個祕密空間

孩子認真觀察地圖找尋定位點

裡，靜靜地享受書與孩子、我們與孩子相會的美好體驗。

2. 依據圖書館地圖指引，分區瀏覽

陪伴孩子仔細查看圖書館的地圖，因為地圖是我們在陌生場所快速瞭解周圍環境的最好方法。

教導孩子認識地圖所提供的資訊，讓孩子透過地圖的標記知道自己所在的位置。從地圖可以發現圖書館如何規劃各類空間，通常有兒童閱覽區、青少年專區、樂齡專區、雜誌期刊區、多媒體使用區、自修室、多元文化區、新書區或特色館藏區等區域劃分。家長可以與孩子討論每個空間的氛圍與使用族群，並體驗一下在不同空間如何與好書相遇。

如果孩子能夠自主閱讀，家長不妨嘗試和孩子分離一下，讓自己與孩子各自在喜歡的區域進行閱讀，然後約定集合時間與地點，讓各自的閱讀需求都能被滿足。

3. 觀察一下圖書館書架排列的方式

書籍是圖書館的主要焦點，帶領孩子仔細瞧瞧書櫃的擺設，或書籍呈現的方式，甚至去瞭解圖書館圖書分類的邏輯，或進一步去參觀館方所規劃的主題書展。孩子往往在不經意間會發現一些很有趣的書籍，這也是逛圖書館的一大樂趣。讓孩子從觀察的過程中，發現自己想看的書、自己取得要看的書、自己翻閱書籍，將閱讀的自由與樂趣還給孩子。

4. 用遊戲化的任務方式給予孩子挑戰

讓孩子嘗試挑戰一個任務，像是在圖書館裡找到 2 種不同的氣味、3 種不同的顏色、4 種不同的聲音、5 種不同的語言等等。

用挑戰闖關的形式激發孩子的興趣。也可以是特定的尋書任務，如找到 6 本有火車的圖書、三國演義的 7 種版本等等。當這些過程轉成遊戲化時，圖書館就會變得非常好玩。

5. 討論圖書館裡所發生的經歷

結束圖書館之旅後，可以問一問孩子一些問題：今天的感受怎麼樣？對這個圖書館印象最深刻的有哪些部分？有沒有哪些新發現的書、設施？等等。

透過跟孩子一問一答的互動，家長可以更加認識孩子的特質與傾向。

6. 認識你孩子喜歡的書籍類型

從孩子所找的書籍中可以發現，每個階段孩子展現好奇心的主題有所不同；從行為模式可以發現，低年級孩子比較無法掌握利用圖書館的方法，需要耗費較多的時間在查詢資料、找尋書櫃、辨認書名等，真正閱讀或討論的時間較少，因此會比較需要家長的協助。而到了中高年級，多數孩子走入圖書館已經能確定自己想找的圖書在哪一個區塊，在找尋書籍上會花費較少的時間，而碰到找書的困難，也比較願意主動去尋求館員的諮詢與協助。

7. 設定限制和期望

我們需要給孩子一定的時間去探索，並限制他們可以翻閱的書籍數量。像是提前讓孩子瞭解我們的期望以及溫和的提醒，例如：「距離我們離開還有五分鐘」。家長可以指著時鐘或在一張紙上畫出時間到時的時鐘或數字。或者，在孩子的手錶上設置鬧鐘，使其提前幾分鐘響起。

以上幾種逛圖書館的建議，我自己跟孩子嘗試過幾次，都非常好用。各位家長可以先從中找一、二種方式試試看。不管如何逛圖書館，最重要的是排除孩子在閱讀上的障礙，而不是主觀地幫孩子選書、選擇閱讀的方式或閱讀的地點，家長這些過多的協助，反而會讓孩子喪失了自己自主閱讀的動機。閱讀樂趣往往是自己發現的，而非被教導才有的。

最後留給您一個思考的問題

逛圖書館和逛書店有什麼不一樣的體驗，試著跟孩子一起討論看看。

延伸閱讀

◆《愛書人：2000本書、超過47個世界級書店、36個圖書館，療癒畫風插圖，喚起你的閱讀魂》
　珍・蒙特／著，朱雀文化
◆《101種書的使用方法》朴善和／著，采實文化
◆《圖書館裡的祕密》安藤忠雄／著，秦好史郎／繪，三采文化
◆《穿越文字森林》哈德森・塔爾伯特／著，道聲出版

挖掘好書的尋寶指南

> 每本書都有適合的人，每個人也都有適合的書。
>
> ——《小鎮書情》

　　閱讀就像吃東西一樣，除非親自品嘗，否則無法瞭解它的味道。因此，選擇一本書的過程，需要讓孩子自己去體驗。拿起一本書翻翻看，快速看過一遍，孩子才能知道自己喜歡與否，而父母的推薦只是參考。

　　選書就像選擇才藝一樣，不是一次完成的，而是要經過多個階段，從大範圍開始，逐步縮小，直到找到真正適合的好書。面對現今資訊爆炸的時代，不知道各位家長們有無類似的經驗，當你進到超市或量販店要買一個東西時，由於選擇實在太多了，導致你最後花很多時間在比較，甚至到最後也很難做決定。**心理學家說過，選擇太多會造成一個人大腦資源的認知負荷。而越小的孩子越需要避免過多的選擇，去減輕孩子認知負荷。**在孩子的選書過程中，家長不要過度干涉，以免影響孩子自主閱讀的意願，但要協助孩子過濾掉過於龐雜的選擇，讓孩子能夠更輕易地找到自己想要閱讀的書籍。

　　同樣的，要讓孩子短時間就能在圖書館裡的茫茫書海中找到自己想要

到看的書籍，是很困難。到底要如何找到適合孩子閱讀能力的書籍，或是符合孩子興趣的書籍呢？

是依據目前各家書店的暢銷書排行榜嗎？

還是依據流傳已久的經典文學呢？

抑或是熱門話題的主題書？

我從過去為讀者選書的經驗中，提供幾個選書的建議：

1. 用個人直覺去選書

套用《怦然心動的人生整理魔法》這本書所提供的方法，相信自己的感覺，把一本書拿在手上，從第一印象的直覺，去感受自己是否被這本書

讓孩子們按著興趣自主地探索書櫃的好書

所吸引。直覺會幫助你去比對過去在閱讀上所累積的大數據，再進一步從圖書的封面、封底、前言與目錄去取得直覺的驗證資訊，確定這本書是否是自己想要或需要的好書。

2. 從孩子的閱讀能力去選書

　　家長為孩子選的書籍當然都是好書，只是往往會受限於孩子的閱讀能力，以致於孩子還無法流暢解讀，而失去閱讀的意願，因此需要選擇適合孩子身心發展階段的適齡書籍。

　　哈佛大學教授夏爾描述兒童學習閱讀的歷程，可以分為六個階段、兩大部分；小學三四年級以前是「學習如何讀」（learn to read），孩子會透過閱讀，學習到注音符號、詞彙、語法，學習如何讀；小學三四年級以後是「透過閱讀學習知識」（read to learn, learn from reading），藉由閱讀，進而學到各種知識。

3. 結合生活經驗去選書

　　理解一本書往往會需要相關的背景知識，如果孩子過去沒有相關的生活經歷，就可能無法理解作者所要表達的想法，而無法享受閱讀的樂趣。舉例來說，如果孩子沒有機會到水果的產地，就較無法理解為何有些水果是生長在土裡、有些水果則是長在樹上。

4. 從同好的親友社群去獲得好書推薦

　　當你與孩子在學校、圖書館或是讀者會，參與活動一段時間後，也許會結交到一些有相同愛好的朋友，從與這些朋友的交流，能讓你與孩子同時認識更多好書，擴展了閱讀範圍。

5. 多讀幾本相關主題的書籍

在面對不熟悉的主題，可以找來相關書籍，帶著孩子一邊閱讀，一邊比較不同書籍的差異，會發現孩子更能夠從不同觀點去看待同一件事物。同時也會發現哪些書是適合一讀再讀，而有些書只瀏覽一次就夠了。

6. 讓獨立書店或館員幫你選出好書

社區的獨立書店或圖書館往往深耕在地，也有其獨特的選書品味，幾次人際互動，店員或館員更加認識你與孩子之後，透過主動的請求，往往也能獲得意想不到的好書。

7. 從圖書的獎項或書評去找尋好書

得獎的書籍都是經過專家審閱過的，各式各樣的書種，而且分齡分好，家長如果沒時間一一替孩子篩選，可以讓孩子從得獎的書籍開始閱讀。國外較知名的獎項有：**義大利波隆納插畫獎、國際安徒生大獎、美國凱迪克繪本獎跟紐伯瑞文學獎、紐約時報年度選書、繪本日本賞、德國繪本大獎、香港豐子愷兒童圖畫書獎等等。**

國內則有**金鼎獎、好書大家讀、Openbook 好書獎、好繪芽繪本獎、文化部中小學生優良課外讀物**，同時各家網路書店或實體書店、圖書館，不定時也都會有主題性的選書，家長都可以參考。

透過以上的選書建議，家長與孩子們可以整理並形成自己的閱讀脈絡。**詩人艾略特說：「我們不應該停止探索，我們所有的探索最終將回到我們的起點，並第一次瞭解這個地方。」**

選書應該是一個自然探索、發掘樂趣的過程，讓孩子能夠從過程中獲得尋寶般的快樂。然而扼殺探索渴望的最大兇手不是打斷，而是標準答案。所以家長不要告訴孩子只能閱讀哪些書，或不能閱讀哪些書。因為學習的寶藏往往是蘊藏在過程中，而非終點處。

最後留給您一個思考的問題

想想看，您過去最常運用哪一個選書原則呢？花點時間跟孩子討論看看你和他的想法有否不同。

延伸閱讀

◆《一流的人讀書，都在哪裡畫線？》土井英司／著，天下雜誌
◆《大腦喜歡這樣看書！適合任何人的洋蔥閱讀法》彭小六／著，高寶國際出版
◆《極簡閱讀》趙周／著，今周刊

解碼知識藏寶圖，
透過圖書分類法來尋寶

知識就像一座森林，但有些人只看到其中一棵樹，缺乏全面的視野。

此時，你需要一張指引，讓你探索知識的分類森林。

　　一個好的圖書館就像一個巧妙的寶藏地圖，只要瞭解它的分類方法，就能找到你想要的寶藏，也就是你想閱讀的書本。透過下面的一個小故事，就能讓你明白分類的重要性。

　　曾經有一個圖書館，它像一個巨大的書籍海洋，新書不斷地流入，就像海浪一波接著一波。但是這個圖書館有個大問題，那就是沒有分類系統。因此，當你想找一本特定的書時，就像在海洋裡尋找一滴水一樣困難。在這種狀況下，圖書館不再是一個知識的海洋，而變成了一個混亂的倉庫，不再是一個能讓你可以尋寶的地方。

　　一個優秀的圖書館，就像是一張精巧的寶藏地圖，它有著一套有效的分類系統。新書籍的到來，就像是新的寶藏被發現。工作人員會依照圖書分類系統，像是將寶藏安置在地圖的正確座標，將每本書放置在對應的位置。只有透過這樣的方式，當你需要找尋一本書時，就能像找尋寶藏一樣，迅速且準確地找到。

那麼，該怎樣使用這張寶藏地圖呢？

圖書館的分類系統

首先，我們需要明白，**所有圖書館的書籍都會按照「索書號」來進行排列。面對一座書架，由上而下、由左而右排列，將同一類館藏圖書集中陳列。**

而每一個分類號碼，對應到的是同一類型的書籍。例如分類號 500 類的書籍，主要是關於社會科學；而 900 類的書籍，則是與藝術和歷史相關。

然後，每一個分類中的書籍，會依照作者的姓氏字母或者書名的順序來排列。瞭解這個系統之後，無論你要找的書在海洋的哪個角落，都能依照這張地圖找到。

這個故事的靈感，來自我在國資圖所設計的一款尋寶解謎實境遊戲「索書號：探尋故事海洋之謎」。在遊戲中，「索書號」將讀者邀請進入這片書的海洋，找到隱藏的寶藏以解救故事世界。讀者穿梭在書架間，從這一層樓走到另一層樓，每個角落都藏著令人驚喜的關卡線索。

掌握了圖書館的分類系統，就如同你擁有了一把開啟寶藏箱的金鑰匙。不論你想閱讀的寶藏藏在何處，都能迅速找到。家長帶著孩子去圖書館的時候，不妨嘗試理解這個索書號系統，讓閱讀的旅程更加流暢。

儘管圖書館的分類系統一開始看起來有些複雜，但只要理解其中的邏輯與結構，就會發現它其實是一個清晰又有效的系統。

分類就是將每一個物體組織到不同的類別中，並將它們放到一個分類框架中。許多臺灣的公共圖書館採用的是「中文圖書分類法」，將所有的

書籍分成十大類，分別是：000 總論、100 哲學類、200 宗教類、300 科學類、400 應用科學類、500 社會科學類、600 史地類、700 世界史地、800 語言文學類、900 藝術類。這個分類表以不同學門的角度呈現人類知識，並且按照十進制來構建類號的。網路上有一些分享記憶與瞭解十大類的記憶口訣，家長可以搜尋後分享給孩子。

　　再來，我們可以利用圖書館的館藏查詢，去發現不同分類下會有哪一些不同的圖書。以國資圖為例，進入首頁後，點選中文圖書分類法，就可以看見十大類。然後，讓我們來一起想看看，如何將這個系統介紹給孩子。

　　首先，我們可以向孩子解釋每一個分類代表的含意。你可以從日常生活中找出實例來講解，比如自然科學與數學類，可能包含的是天文、物理、化學、動物等書籍；應用科學則可能是醫藥、農業、工程、製造、商業等書籍。透過實際的例子，可以讓孩子更直觀地理解每個分類的內涵。

　　接下來，帶著孩子去圖書館，實際操作一次。讓孩子選擇他們感興趣的主題，然後指導他們如何找到相應的分類，並從中選擇一本書來閱讀。多鼓勵孩子獨立完成這個過程，有助於養成他們獨立解決問題的能力。

索書號

讓孩子想像一下，每一本書都像是一棟房子，而每一個房子都有自己的地址。在圖書館裡，我們用一個特殊的方法來給每一本書一個地址，這就是索書號（call nauber），或者我們可以稱它為「書的地址」。

書的地址由幾個部分組成。首先是分類號，這就像我們的城市或鄉鎮的名稱。圖書館使用中文圖書分類法將知識分為十大類，每一大類就像是一個大城市，每個城市內又有許多不同的區域。

比如，《昆蟲觀察入門》這本書的分類號是 387.7 ，數字「3」代表這本書屬於「科學類」這個大城市，「8」表示它屬於動物學這個區，「7」表示它再細分到節肢動物門這個社區，而「.7」表示它位於昆蟲綱這條街道。

接著，我們還需要知道這棟房子的確切位置，就是作者號，也可以說是這本書的門牌號碼。圖書館用特殊的「四角號碼檢字法」來為每個作者命名。例如《昆蟲觀察入門》的作者是張永仁，他的門牌號碼是 1132。

當讀者在圖書館網站，查到索書號時，同時也能看到館藏地點，以及這本書是否在書架上。書架側壁都貼有該書架所涵蓋的分類號範圍標示，找到含有 387.7 類號的書架，再找到放置該類號的架位，找到正確的架位就可以找到書了。

居家圖書館管理

在孩子掌握了如何使用圖書館的分類系統之後，家長就可以進一步引導他們回到家進行圖書管理。讓孩子學習用自己的知識架構去分類家裡的

童書，比如依照火車、恐龍、昆蟲、動物、植物等主題分類。

　　透過瞭解分類系統可以幫助孩子理解知識的結構和彼此的關聯性，並且家長與孩子也可以瞭解其閱讀傾向，將這種思維方式應用到日常學習中，像是讓孩子嘗試根據不同的主題，整理他們的筆記，或者在思考問題時，按照類別去整理和分析資訊。

　　在這樣的過程中，同時會增強孩子的資訊素養，他們會更知道如何運用關鍵字或分類架構，去搜尋相關網路知識。引導孩子理解和使用圖書館的分類系統，不僅可以幫助他們好好的利用圖書館的資源，更是一種知識管理技巧的培養。另外很意外的是，當孩子體驗到分類邏輯，也比較願意將個人物品用完後歸還原位。做為家長，我們可以和孩子一起學習、一起探索，讓孩子在快樂中學習，在學習中成長。最後，讓我們記住一句話：「知識就是力量，而管理知識的能力，則是超級力量」。

延伸閱讀

◆《小學生的調查任務：發現驚奇圖書館》林怡辰／著，親子天下
◆《圖書教師手冊》陳昭珍、簡馨瑩、林菁、賴苑玲、陳海泓／著，教育部
◆《國民中小學圖書館編目工作手冊》賴苑玲、呂瑞蓮、呂明珠／著，教育部

Chapter

3

跟著圖書館去旅行

全臺特色圖書館介紹

介紹臺灣各地的特色圖書館、收藏、閱讀空間與活動資訊等，並提供館內與外觀照片、基礎資訊（開館時間、地址、電話、延伸景點等），協助家長瞭解如何在圖書館中為孩子找到適合的閱讀起點，搭配圖書館以外的延伸景點，讓家長安排親子閱讀或家庭旅行時光。

黃金山城礦業文化——
新北市立圖書館瑞芳分館

夜晚展現黃金光芒的瑞芳分館

memo

- ✉ 新北市瑞芳區民權街 17 號 2 樓
- 🚗 ★★★
- ☎ 02-24972980
- 🕐 週日、週一 8:30-17:00；週二至週六 8:30-21:00，休館日為每月最後一個週四、國定假日
- 📖 在地方知識學專區、在地印象懷舊閱讀角、咖啡書香區、礦物學特色館藏
- 👪 哺集乳室、無障礙電梯
- 📍 瑞芳老街、黃金博物館、九份老街、猴硐貓村、猴硐煤礦博物園區、深澳象鼻岩、陰陽海、國立海洋科技博物館

世界就像一本書，
不旅行的人只讀了其中的一頁。

——聖奧古斯丁

　　你是否有過這樣的經驗，當來到東北角，正要享受爬山或觀海的樂趣，卻被突如其來的大雨打斷，這時候，「新北市立圖書館瑞芳分館」就是你的最佳選擇，它結合了

當地的礦業文化和地理歷史，呈現出一個與眾不同的閱讀空間。這裡可做為旅遊的臨時轉運站，休息片刻再出發。

瑞芳分館的建築外觀採用了有稜有角的灰色礦石造型，讓人彷彿置身於礦石之中的圖書館。館內設計巧妙地融入了當地的礦業文化，一抬頭就能看到黃金瀑布意象的流線型天花板，搭配礦工造型燈飾，讓人感受到金礦的奇妙世界。兼顧各年齡閱讀需求，更變成超酷的「斜槓空間」，採低矮書架設計，空間感佳，處處展現圖書館友善與體貼民眾的心意。閱覽空間寬敞，滿足各年齡層的閱讀需求，並設有兒童專區、咖啡書香區及在地知識專區。

瑞芳分館的三大亮點是位於 2 樓的兒童閱覽室、咖啡書香區，以及在地方知識學專區。

「兒童閱覽室」為獨立空間，色彩繽紛新穎的圓桌與圓椅，讓許多孩子自然入坐享受閱讀芬園。

 圖書館小知識

在地知識學專區

新北市立圖書館為落實地方知識的保存與推廣，將在地生活經驗加以蒐集，讓新北各區域的地方知識得以傳承，自 2016 年起於各分館逐年設置在地知識學專區，典藏當地相關的圖書文獻、展示老照片及相關文物等展現地方文史脈絡，並與地方社區營造團隊、在地文史工作室（者）合作舉辦在地走讀、教育推廣活動及文史講座，喚起民眾對地方文化的認同感與歸屬感，更加深入瞭解地方歷史。
目前於三峽分館、鶯歌分館、樹林分館、石碇分館、新莊中港分館、蘆洲長安分館、平溪分館、新店分館、江子翠分館、瑞芳分館、金山分館、汐止大同分館、淡水分館、土城分館、貢寮分館、八里分館、五股分館、泰山分館、萬里分館、三重分館、中和分館、永和分館及青少年圖書館等 23 間分館設有在地知識學專區。

解密礦業文化的在地知識專區

　　「在地知識學專區」與猴硐礦工文史館合作，展示了各種採礦器具和關於當地煤礦史的書籍和影片，專門介紹在地煤礦史。透過這些展示，孩子們可以更深入地瞭解瑞芳的礦業歷史，培養對地方文化的尊重和熱愛。

　　「書香咖啡區」有大面積的落地玻璃帷幕，讓讀者們可品味咖啡，同時欣賞瑞芳街景，感受獨特的人文風情。

　　館內 3 樓設置的「在地印象懷舊閱讀角」，則以古早柑仔店的藝術意象展現過去的「瑞芳商行」，同時展示懷舊商品和玩具，充滿復古又帶點文青的懷舊角落。讀者可以挑一本書，感受舊時光，不但讓長輩們懷念，也是網美們最佳的打卡景點。

　　瑞芳分館也定期舉辦「翻閱礦山‧時空行旅」等體驗式閱讀活動，除了能跟著老礦工搭乘阿公級的百年礦車，回到過去的採礦區，聽老礦工說

故事，體驗早年礦工日常，認識猴硐等礦業歷史。只要上網預約報名瑞芳在地文化深度之旅，就能深入走訪與瞭解瑞芳的文化和歷史。

跟著圖書館去旅行

　　瑞芳分館不只是個圖書館，更是許多遊客深度瞭解瑞芳的起點。探索這座有豐富礦業歷史的「黃金山城」，首推延伸景點是猴硐，這裡曾是一個煤礦的礦鄉，除了可愛的貓村之外，還有猴硐煤礦博物園區，園區內有「瑞三鑛業整煤廠」，保留陳舊風化的各式選煤器具，讓人彷彿穿越時空。周邊還有猴硐礦工文史館，是由一群退休的老礦工成立，由真人敘述過去採礦的辛酸史，讓人緬懷與敬佩這些曾經為臺灣經濟打拼的無名英雄。

　　離開猴硐後，可以前往九份遠眺基隆嶼，或是至金瓜石欣賞黃金瀑布。深奧象鼻岩及南雅奇石皆被選為臺灣 36 祕境，讓孩子體驗壯觀的山景和海景。當然也要順便參觀九份老街，品嘗在地的芋圓湯與芋粿巧。

　　若有時間還可安排一遊黃金博物館，它是臺灣首座以生態博物館為理念所打造的博物館，有深入礦坑坑道體驗採礦情景的「本山五坑坑道體驗」，日式木造建築及庭園造景「太子賓館」，透過相關展覽可瞭解礦業聚落的過去和當地的文化。如果遠道而來，推薦晚上可以入住國立海洋科技博物館容軒園區的

圖書館職人閱讀處方箋
王錦華館長

入館先去參觀熱門區域：期刊區或新書展示區，這是孩子們瞭解最新知識和閱讀資源的好地方。參訪前可先上瑞芳圖書館官網或臉書搜尋最新活動，像是報名讀書會等，可和其他家庭一起分享閱讀的樂趣，也可擴大孩子的交友圈子。

HOTEL BEGINS，隔天可以可靜享榕樹林靜謐秘境。週邊可「徒步」旅遊
景點包括海科館、潮境公園、八斗子公園、忘憂谷、容軒步道等。

帶書本去旅行

◆《舒旅金瓜石》賴舒亞／著，時報出版
◆《我的幸福在瑞芳學》施岑宜／著，時報出版
◆《山伯伯的下午茶》崔麗君／著，小魯文化
◆《回望‧當我們同在新北》粘忘凡、孫心瑜／著，新北市文化局

源頭活水閱讀天堂——
新北市立圖書館泰山分館

全館空間以昔日水源地特色去打造

memo

- ✉ 新北市泰山區全興路 212 號五樓
  （泰山公有市場五樓）
- 🚗 ★★★
- 📞 02-29091727
- 🕐 週日、週一 8:30-17:00；周二至
  六 8:30-21:00
- 👍 織品服飾特色館藏、六米高書牆、
  50 坪的兒童閱讀空間
- 👶 親子廁所、哺集乳室、、無障礙電
  梯、嬰兒車置放處
- 📍 泰山森林書屋、明志書院、義學坑
  步道、泰山區娃娃產業文化館、泰
  山親子圖書閱覽室

我心裡一直都在暗暗設想，
天堂應該是圖書館的模樣。

——阿根廷作家波赫士

　　全新打造的泰山分館，充分運用
泰山地區昔日的水源地特色，以建築
高挑特點為基礎，打造出宛如高山書
牆的半透明結構，仿若雲霧繚繞、山巔
流水。這個由雙圈書牆所營造的中間
空間，不僅提供讀者呼吸的留白，更讓

人在其中流動穿梭，享受自然流暢的閱讀與空間體驗。

高達六米的書牆營造出宛如「閱讀天堂」的意象，開放式書架延伸至挑高屋頂，收藏了超過四萬本圖書，一踏入圖書館彷彿進入了書的世界。

童趣無限的兒童閱讀天地

特別值得一提的是近 50 坪的兒童閱讀空間，這個專屬於兒童的區域擁有階梯書架舞臺、大面開窗和 STEAM 磁貼牆，創造出充滿童趣和創意的氛圍，讓孩子們在閱讀的同時能夠發揮創造力。

兒童閱讀室的童趣佈置和階梯書架，絕對是孩子們最喜歡的閱讀空間。除了豐富的童書外，還提供玩具供孩子們嬉戲。更令人驚喜的是，這裡還擁有日本設計師江口健太郎設計的故事積木，讓孩子們在閱讀的同時發揮創造力。

烹飪靈感的閱讀市場

泰山分館樓下是熱鬧的公有市場，滿足民眾的生活需求，而樓上則成為提供精神食糧的「書‧市場」。除了泰山分館外，新北市共有 11 座公有零售市場樓上設有圖書館或閱覽室，包括土城分館、五股分館、林口西林圖書閱覽室、汐止北峰圖書閱覽室等，共同打造出全新的「菜籃族的祕密基地」。

在上市場前，婆婆媽媽們可以到圖書館尋找烹飪靈感，解決每天菜色變化的困擾；而在購買完菜後，還可以到圖書館休息，閱讀自己喜愛的書報雜誌。泰山分館以其水源地的獨特魅力和與蔦屋書店相媲美的設計，將

閱讀與市場融合，帶給讀者全新的閱讀體驗。

全齡化的閱聽新體驗

　　泰山分館還有「半開放視聽空間」，設有高腳吧台座位，讓讀者享受不同於其它圖書館體驗，彷彿置身於優雅的咖啡廳中。此外，還有四座獨立且半開放的視聽座位，方便讀者就近挑選公播視聽資料，悠閒地欣賞電

階梯舞台讓孩子任意探索的兒童閱讀室

影。長者們也可在銀髮族專屬的樂齡區、期刊報紙區獲取新知識。全館的靠窗座位和閱覽座位都提供插座，方便讀者使用筆電、手機、平板等 3C 資訊設備。

跟著圖書館去旅行

泰山分館所在的周邊地區充滿著令人驚喜的景點和步道，首先，辭修公園對面的泰山森林書屋，是一個專為喜愛原住民圖書和繪本的讀者，打造的閱讀天地，讓人在寧靜舒適的環境中盡情閱讀。

其次，北臺灣第一間書院「明志書院」，古樸紅磚建築和重要的文教史價值，是獨特的文化體驗。義學坑步道和義學坑自然生態公園，更是親子同遊欣賞豐富生態景觀的理想之地。

泰山地方文化生活館，包括泰山娃娃產業文化館、親子圖書閱覽室和社區活動中心，一樓更有寬敞的兒童遊憩空間和戲水池，可以盡情享受親子休閒的時光。

帶書本去旅行

◆《絲線上的文明》Kassia St. Clair ／著，本事出版社
◆《一件五萬美元手工大衣的經濟之旅》Meg Lukens Noonan ／著，寶鼎出版
◆《壺家的新衣服》Dayle Ann Dodds ／著，和英出版

環繞山景的療癒花園——
臺北市立圖書館稻香分館

館藏特色區搭配四季，展出主題園藝。

memo

- ✉ 臺北市稻香路 81 號 7-9 樓
- 🚗 ★★★★
- 📞 02-28940662
- 🕐 週二至週六 8:30-21:00；週日、週一 9:00-17:00。國定假日休館
- 👍 園藝館藏、露天花園、360 度高空環景
- ♿ 無障礙廁所、無障礙坡道、導盲磚、扶手、愛心鈴、輪椅、視障語音傳真服務、對講機
- 📍 新北投車站、臺北市立圖書館北投分館、北投溫泉博物館、復興公園泡腳池、地熱谷、北投影視音園區、新興公園

花園是一首愛情歌曲，
是人類與大自然的雙簧。

——傑夫·考克斯

　　臺北市立圖書館稻香分館位於北投區稻香合署大樓，是俯瞰關渡平原的極佳位置。這座環繞山景的療癒花園擁有卓越的視野，可俯瞰紗帽山、大屯西峰、觀音山、關渡平原和 101 大樓，提供讀者 360 度的美景。稻香分館以

其豪華的環境和多元的服務受到廣大讀者的喜愛。

　　稻香分館位於 7 至 9 樓，占地面積達 1072 坪，是臺北市立圖書館中面積最大的分館之一。在這裡，建築師李甫峰將圖書與園藝特色融合，創造出一個結合花卉和文藝氣息的環境，可以聞到花香、看到綠草和山景，彷彿置身於一座花園之中，讓圖書館不只是圖書館。

　　稻香分館以「園藝」做為館藏的特色之一，收藏了大量與園藝相關的書籍。9 樓的療癒花園和屋頂感官花園種滿了各種植物，讀者除了在此休息放鬆，更可一覽周圍壯麗的山景。1 樓設有 24 小時自助取還書的自動化設備，是臺北市立圖書館中少數提供此服務的分館。

　　兒童閱讀區引入了兩項精彩的遊戲化活動；一個是「四季萬花筒」活動，結合了鄰近北投社三層崎公園的擴增實境互動體驗。公園裡有一片美麗的花毯，稻香分館將花毯的圖案製作成底圖，投影在牆上。讀者可以在指定的稿紙上為花朵圖案著色，然後使用 AR 掃描機掃描圖稿，花朵便會在底圖上疊加出現，牆上的投影將變成一片美麗的花海。讀者只要按照閱讀存摺的集點規定，完成借書任務，就能參與這個有趣的活動。

　　另一個是「塗鴉」活動，兒童閱讀區設有兩大塊黑板，只需借閱 5 本書或 5 片視聽資料，館方就提供擦擦筆，讓小朋友在黑板上盡情塗鴉。這個活動非常受孩子們歡迎，許多小朋友為了塗鴉特地來借書，成為閱讀推廣和讀者互動的一個小亮點。

跟著圖書館去旅行

　　關渡平原是臺北地區最大的稻田區之一，同時也是臺北市最後一塊濕地淨土——關渡自然公園的所在地，充滿生態多樣性，可以欣賞候鳥、還

兒童閱讀區提供黑板讓孩童塗鴉

可以跟著生態導覽、開闊孩子的視野。

　　從新北投車站出發，首先來到臺北市立圖書館北投分館，這座榮獲綠建築認證的圖書館，環境宛如大自然，舒適宜人。接著，前往北投溫泉博物館，認識北投溫泉的歷史文化，欣賞古老的浴場建築，也可以到復興公園泡腳池免費體驗。最後，來到地熱谷，親眼目睹湧泉湍湍、蒸氣瀰漫的壯麗景色。這趟旅程可以帶給孩子們難以忘懷的深度體驗，結合閱讀和旅行，讓他們在愉悅的氛圍中學習和成長。快跟著稻香分館一起展開親子探索之旅吧！

帶書本去旅行 ……………………………………………………………………

◆《關渡自然導覽：人文與生態之旅》徐偉斌／著，玉山社
◆《走進園藝治療的世界》黃盛璘、徐偉斌／著，心靈工坊
◆《啟動自然療癒力》黃香萍、詹立筠、莊燿鴻／著，麥浩斯
◆《這一年，我靠植物找回自己》愛麗絲・文森／著，臺灣商務印書館

光影交錯的生命樹——
桃園市立圖書館新總館

木絲紋外觀的特色綠建築與環境共生

　　桃園市立圖書館新總館是全臺面積最大的公共圖書館，結合了圖書館和電影院的功能。這座綠建築以生命樹為主題，外觀獨特迷人。

　　總館分為圖書館棟和電影院棟，兩棟建築物以二樓露台相互連結；圖書館特別規劃 3 樓為親子樓層，7 樓則設有雲端書屋，屋頂層為開放式庭園。電影院棟帶來了眾多影迷，並透過舉辦主題性活動與圖書館和書店相結合。

與環境共生共融的超級綠建築

圖書館的主題特色是生命樹，設計團隊談到設計概念表示，「圖書館基本概念為生命樹，樹結出果實可以使吃的人成長，而書中蘊含的知識使閱讀的人成長，兩者形象交疊而成為生命樹這個象徵性概念；吸收前人建構的知識，從中創造新知，人類得以成長。」

館內最令人驚艷的設計是圓錐狀的環保節能通風採光井，這個設計能夠增加自然光線的進入，減少白天燈光的使用，創造出充滿陽光的夢幻氛圍，也成為網美拍照打卡的熱門景點。

memo

✉ 桃園市桃園區南平路 303 號
🚗 ★★★★
📞 03-3166345
🕐 週二至週六 8：30-21：00、週日 8：30-17：00，每週一休館。
📕 綠色螺旋、藍鵲露臺、貪書蛇書展區、生命樹通風採光井
👶 親子廁所、育嬰室、嬰兒車置放處
📍 新民老街、桃園 77 藝文町、桃園光影文化館、龜山眷村故事館、風禾公園

圓錐狀節能採光井成了吸納知識的生命樹主幹

新總館的外牆和圖書館之間設有一個大露台，可容納數百位讀者。這個空間可以用於舉辦閱讀市集、咖啡或露天表演等活動。

　　更提供「超商借還書服務」，讓遍佈大街小巷的桃園市超商成為圖書館分支，民眾免於舟車勞頓，不必到圖書館也能借書，提升借還書便利性。

　　桃園市立圖書館新總館以生命樹綠建築和電影棟為特色，我鼓勵您帶著家人一起來這個圖書館，享受閱讀、電影和親子互動的樂趣，感受光影交錯的生命樹所帶來的閱讀奇遇。

跟著圖書館去旅行

　　如果你計劃將桃園市立圖書館新總館納入你的旅行行程，建議將新總館做為起點，預留兩、三個小時在這裡享受閱讀的氛圍，再走趟風禾公園。

　　再來，桃園市區和龜山地區有許多不錯的走讀路線。你可以探索桃園的老城區，從火車站到景福宮一帶有新民老街、桃園 77 藝文町、桃園光影文化館、桃園市土地公文化館等。龜山眷村故事館則展現了眷村文化。這些走讀路線非常適合閱讀愛好者，並且有一些創意餐廳可以品嚐美食。

帶　書　本　去　旅　行

◆ 《桃仔園，漫步遊》魚夫／著，桃園市政府文化局
◆ 《國門之都：人文地景紀行之桃園再發現》陳銘磻／著，聯合文學
◆ 《小黑啤玩臺灣：桃園篇 - 過節日》臺灣吧／著，臺灣吧 Taiwanbar

聽見鄧雨賢的閱讀饗宴——
桃園市立圖書館龍潭分館

挑高明亮的閱讀空間

> 沒有音樂，人生將會是一場錯誤。
>
> ——尼采

　　在桃園市立圖書館龍潭分館暨鄧雨賢臺灣音樂紀念館中，閱讀成為人們與靈魂獨處的時光，圖書館則是通往心靈桃花源的任意門。龍潭最知名的音樂人當然非鄧雨賢莫屬，諸如〈雨夜花〉、〈四季紅〉、〈月夜愁〉及〈望

memo

✉ 桃園市龍潭區中興路 680 號

🚗 ★★★★

📞 03-2866189

🕐 週二至週六 8：30-21：00、
週日及週一 8：30-17：00、
國定假日休館。

👍 音樂地景、多功能展演空間、
挑高兒童室、互動音樂展

👤 親子廁所、哺乳室

📍 臺灣客家茶文化館、六福村、
小人國、龍潭運動公園、三坑
自然生態公園、龍潭千層瀑布

春風〉，更是合成「四月望雨」，跨越日治及民國，優美的曲調傳唱百年，也因此鄧雨賢被譽為「臺灣歌謠之父」及「臺灣民謠之父」。

龍潭分館是桃園最大的「圖書音樂館」，規劃上保留大片綠意，是一個結合音樂主題、自然景觀、閱讀及文化藝術的場所，也是龍潭最具代表性的在地文化資訊站。

龍潭圖書館兼具音樂、視聽、閱讀、學習、展覽、景觀等功能，有別於傳統圖書館的借閱服務，這裡特別注重與地方社團的連結，除了舉辦親子閱讀活動，也鼓勵孩子參與音樂與藝術相關的活動，例如「文藝收冬∞藝術跨界」活動以及蝕憶，奶奶的回憶迷宮特展等，這些活動將藝術與生活結合，為整個地區注入豐沛的文化能量。也與鄰近的獨立書店晴耕雨讀小書院合作，讓孩子們能夠感受到溫暖的人文氛圍。

音樂地景互動展

音樂閱讀角落

鄧雨賢臺灣音樂紀念館

　　龍潭分館特別成立「鄧雨賢臺灣音樂紀念館」，藉由數位互動方式，讓參觀的讀者能夠認識鄧雨賢的故事及臺灣音樂發展，使讀者透過音樂播放聽見時光流轉。在龍潭分館暨鄧雨賢音樂紀念館中，家長可以引導孩子進行多樣的閱讀體驗。分館內的兒童閱覽區設置了豐富的繪本和童書，家長可以陪伴孩子共讀，並讓孩子參與校外教學，進行一日館員體驗，用教育的方式讓孩子瞭解圖書館的運作和知識傳遞。這裡不僅有展示臺灣音樂史的展覽，還有豐富的音樂黑膠典藏，可讓讀者一覽音樂的演進。

跟著圖書館去旅行

　　龍潭，這座充滿歷史的客家老城區，也是桃園著名的茶區。在這裡，可以帶著家人一同前往「臺灣客家茶文化館」，它是具有地下一層及地上二層的生態建築，曾榮獲美國繆思設計等大獎，以「客家茶文化」與「茶產業歷史」為主軸，並特色展示六國茶室。還可以走訪附近的茶園，品嚐當地著名的茶飲品牌，感受客家茶文化的深厚底蘊。

　　另外，也可到六福村體驗結合生態動物園與三十多項大型遊樂設施的主題遊樂園，或至小人國觀賞一百多座的世界迷你景觀建築，享受輕鬆環遊世界的快感。

　　不論是在閱讀公園中享受一書之旅，還是在音樂紀念館中感受優美的旋律，這裡都是你和家人共享美好時光的最佳選擇。趁著假期，一起踏上這場音樂與閱讀的奇妙之旅吧！

帶 書 本 去 旅 行 ....

◆《茶金（葉脈版）》公視、客委會、黃國華／著，印刻出版
◆《歌唱臺灣：連續殖民下臺語歌曲的變遷》陳培豐／著，衛城出版
◆《曲盤開出一蕊花：戰前臺灣流行音樂讀本》洪芳怡／著，遠流出版
◆《超級工程—把水留住的曾文水庫》黃健琪、吳子平／著，木馬文化
◆《水到底有多重要？關於全球正在面臨的缺水危機》克莉絲汀‧史丹萊／著，上誼文化
◆《水公主：喬琪‧巴迪爾的真實故事》蘇珊‧維爾德／著，道聲出版

探險動物園圖書森林──
新竹市圖書館動物園分館

讓讀者走入動物森林的動物園分館

memo

- ✉ 新竹市東區博愛街 111 號 B1
- 🚗 ★★
- 📞 03-5621379
- 🕘 9：00-17：00（周一、除夕、選舉日休館）
- 👍 動物主題圖書館藏、祕境閱讀角、河馬自助借書機
- 👥 親子廁所、哺乳室
- 📍 臺灣昆蟲館-新竹市、新竹市立動物園、新竹公園、朗朗小書房、鹽水分館、竹北或者書店、玻璃工藝博物館、假日花市

　　動物園分館巧妙地與周邊的動物園、昆蟲館和新竹公園等地點結合，打造成一個規模廣大的自然教室。孩子們可以在這裡一邊閱讀，一邊實地探索動植物的奧祕，透過直接的觀察與學習，更深刻地理解生命的珍貴。

　　動物園分館運用孩子最愛的動物森林風格來打造館內環境，並融入大自然元素，指標圖示採用動物造型，兩公尺高的大象

骨骼模型，更是孩子們的最愛，引領孩子們進入動物世界的探索之旅，進一步去探索最喜歡的童書或繪本故事。館內並定期舉辦說故事活動，讓閱讀、教育、生態、自然完美結合，成為新竹市一個嶄新的親子共享閱讀空間。

館內的各種設施都充分考慮到孩子的使用需求，除了書櫃都根據孩子的身高進行設計，讓他們能輕鬆地取得自己喜愛的書籍；還有專為孩子們設計的「閱讀角」，營造一個只屬於他們的閱讀祕境。

除了提供實體的書籍，還融合了數位科技，例如河馬造型的自助借書機，讓孩子學習自行操作借閱圖書等設施，更在動物園分館等 11 個據點提供「Hami Book 電子書場域閱讀」服務，讓讀者可透過手機、平板電腦等智慧型載具，線上免費閱覽各類期刊和書籍，讓孩子們在翻閱實體書本的同時，也能享受科技帶來的全新體驗。

環狀櫃體擁有大量的動物科普主題書籍

學習如何找書

在這個充滿學問的世界裡，圖書館就像是一個巨大的生物王國，而每本書都是一種獨特的生物。想像一下，人類、小狗、貓咪、小鳥、植物，甚至是微生物，都是一本本的書，而每本書都有其獨特的故事。

不過，當眾多書籍混雜在一起，我們該如何找到自己想要的書呢？這時我們就需要一種有效的分類方法，下面以生物分類學為例，來看看如何運用類似的原理去認識圖書館的書籍分類。

首先，我們將圖書館裡的書籍分為大類，比如科學、文學、藝術等，然後再在每一個大類裡分出小類，就像生物從動物界分到種的過程。

我們人類先屬於動物界，然後是脊索動物門，接著是哺乳綱，再到靈長目，最後分到智人種。同理，當我們將一本書分類，也會從大類判定到具體的主題。

比如，一本書首先被定為「文學」這個大類，就好像我們被定為動物界。然後，它可能被細分為「小說」，這如同我們屬於哺乳綱。這種分類方式使我們能更精確地找到想要的書籍，就像生物分類幫助我們找到特定的生物一樣。所以如果你想讀一本小說，就可以先去找「文學」這個大類，然後在裡面尋找「小說」。

透過這種方式，不僅可以幫助我們更快地找到想要的書，也能更深入瞭解各種書籍的特性。這就是如何運用生物分類的原理，來理解和利用圖書館的書籍分類。

跟著圖書館去旅行

★ 新竹動物園星巴克門市： 旅途中的休憩點

前身是新竹市立動物園遊客中心的星巴克門市，這裡結合了動物園分館的圖書館，是一個適合全家大小共同遊玩的悠閒空間。店內二樓的視野極佳，偶爾可以看到黑肚綿羊、鷓鴣、長臂猿在樹叢中遊蕩。

★ 新竹市立動物園： 愛護動物的教育基地

新竹市立動物園已經成為北臺灣重要的觀光景點，不僅保留了許多歷史回憶，更秉持了友善動物和推動生命教育的理念。透過動物福祉的落實、野生動物的保護，讓動物園不只是一個遊玩的地方，更是一個讓人學習尊重生命的教育場所。

★ 朗朗小書房： 親子閱讀的溫馨角落

在新竹馬偕紀念醫院附近，有一個藏書超過六千冊的閱讀推廣空間——朗朗小書房。這裡不僅會舉辦親子讀書會、繪本課程，甚至還有專業講座，為愛書、愛孩子的大人打造一個獨特的交流平台。

★ 鹽水分館： 與海共唱的閱讀天地

鹽水分館位在鹽水公園內，擁有被譽為「海景圖書館」的美名。圖書館旁邊的步道直通豎琴橋，是個觀賞海景、享受風聲的好地方。無論是踏青、野餐或者是欣賞大海，這裡都是不錯的選擇。

新竹的獨立書店之旅

　　新竹還有一些獨立書店等著你來探索，比如位在新瓦屋客家文化保存區大草地旁的「或者書店」，或是竹科生活圈裡專為青少年規劃的「筆耕小書店」，都歡迎到訪的遊客事先準備好書單，或是聆聽專業書店職人的用心推薦，以動物園分館為起點，一起探索新竹的圖書館和書店吧！

帶書本去旅行

◆《新竹 300：到我的城市吹吹風》吳立萍、林廉恩／著，新竹市文化局
◆《圖說竹塹》王郭章／著，清大出版社
◆《風城味兒：除了貢丸、米粉，新竹還有許多其他》李元璋／著，遠流出版
◆《眷味正濃：新竹眷村裡的美味食光》陳翠萍、李元璋／著，臺灣樂屋文化協會
◆《浪漫台三線款款行》天下雜誌人文出版部／著，天下雜誌
◆《噢！原來你家住這裡：臺灣野生動物的呆萌宅宅日常》玉子／著，商周出版
◆《達克比辦案》全集，胡妙芬、柯智元／著，親子天下

踏上未來閱讀之旅——
國立公共資訊圖書館

時代的改變，是從閱讀的改變而開始的。

——郝明義

　　國立公共資訊圖書館為全臺首座的數位圖書館，從外觀到內部設計，處處散發著對於知識的嚮往與創意的激情。這座超過百年歷史的圖書館，見證了時代的變遷，由紙本轉換為數位化，融合了歷史底蘊和現代科技。圖書館主建築外觀巧妙地呈現中臺灣的地域性——大甲溪與大肚溪兩條流

由花海走入書海的純白智慧太空船

域意象，宛如一條流線造型的河流，象徵
著源源不絕的知識之流。

全球八大獨特圖書館之一

國立公共資訊圖書館更名列國際圖
書館協會聯盟 (IFLA)「此生必去的 1001
所圖書館」之一，並榮獲國際建築網站
Architizer.com 評選為「全球八大獨特圖書
館」之一。

對於熱愛閱讀的親子家庭來說，國資
圖擁有豐富的實體館藏資源，結合多元數
位館藏和創意服務為最大亮點之一。在這裡，讀者透過「一證通整合平台」
為親子家庭帶來了極大的便利！只要辦理一張借閱證，不僅可以在 2 個國
立館、10 個公共圖書館自由借閱書籍，還能享受「電子書服務平台」上約
40 萬冊電子書等數位資源，讓閱讀無所不在、無所不及。不再需要東奔西
跑，不再需要辦理多張借閱證，「一證通整合平台」讓讀者輕鬆享受閱讀
的樂趣。

國資圖還是國內最早引進機器人服務的圖書館。一進館就可看到「酷
比導覽機器人」主動迎賓、導覽、人臉辨識推薦好書，翻轉你對圖書館的想
像。也有專為兒童服務設計的「凱比同學機器人」，在兒童學習中心輪值
說故事、陪伴互動。館方更開發了智慧尋書導引「iLib Guider App」，透過
全國公圖首例的導航 App，讓讀者能更輕鬆地找到書籍，享受便捷的借閱
體驗。

memo

✉ 臺中市南區五權南路 100 號

🚗 ★★★★★

📞 04-22625100

🕐 週二～週六 9:00 至 21:00、
週日 9:00 至 17:00，週一及
國定假日休館

🎫 270 度環景故事屋、AR 擴增
實境體驗區、數位館藏、微
型圖書館、好 young 館多功
能練舞空間、智能機械人

👥 親子廁所、哺集乳室、休憩
小站、討論小間

📍 綠空鐵道、文化部文化資產
園區、帝國製糖廠臺中營業
所、國立臺灣美術館、第二
市場、刑務所演武場

中
部
／
臺
中
市

專為親子家庭打造的沉浸式閱讀

　　兒童學習中心裡的大樹造型故事屋，提供三個精彩故事——「西遊記」、「恐龍歷險記」、「海龜的報恩」，以 270 度的巨型投影銀幕，搭配半圓形地面投影，讓故事情節幾乎包圍了整個空間，孩子們可感受最新的 XR 延伸實境技術、AI 肢體辨識。

　　另一旁的 AR 擴增實境體驗區，掃描貓頭鷹造型機台上的 AR 圖樣，就能啟動有趣的動畫和互動畫面，讓平面的書變立體。孩子們只要對準機台鏡頭，翻開標有 AR 圖案的頁面，便能看到繪本中的角色動起來，如同童話故事活在眼前。而針對愛塗鴉的孩子也有「生態多樣性彩繪投影」，可以將自己彩繪完成的畫作投影至牆上，同時認識臺灣的原生種生物。這些的體驗絕對讓孩子們留下美好的回憶。

環景 270 度投影故事屋

而最令人驚喜的地方是，孩子可在中心一些角落發現《勇敢小火車》等暢銷繪本等的場景。這裡不僅是閱讀的天堂，更是一個讓孩子與繪本中的角色近距離接觸的奇妙場所。

勇敢小火車故事造型閱讀角落

光線流動之美，發現閱讀新視角

館內空間以 outside-in 的設計概念，特別採用大片玻璃窗，大小不一的窗戶完美融合了戶外景致與室內設計，不僅引入不同的日光和景觀，還創造出各種風格的閱讀區域，彷彿置身於建築大師柯比意「廊香教堂」般的光線流動之美。寬闊景致的休閒區、光線穩定的閱覽桌、可以俯瞰中庭的吧台區，以及讓人親近自然的半戶外故事區等，讓親子們在閱讀中愜意享受，為閱讀空間創造了多樣性。

2 樓的「視聽欣賞區」，考慮到親子們的社交需求，特地設有半開放式的多人沙發區，讓孩子們能在互動中共享影音的樂趣。

3 樓則設有特定族群的閱讀專區，從美國到法國，從英國到比利時，以及原住民資料中心，這裡的多元文化能激發孩子們對世界的好奇與理解。如果剛好碰到閉館，也有微型圖書館為讀者提供 24 小時的隨到隨借、全年無休服務。這一座透過 RFID 技術的全自動借書設備，書架容納了 400 冊

書籍，讀者只需要透過兩個觸控螢幕，就能輕鬆查詢書籍並借閱。

跟著圖書館去旅行

　　走出國資圖，可以在東側的復興綠園道帶狀綠帶上，感受散步、運動和呼吸新鮮空氣的不同地方。還有一座綠川水淨樂園共融遊戲場，以水的淨化為概念，在這裡，孩子們可以化身污水寶寶，親身體驗排水截流、沉澱、氧化、分解、淨化再流回河川的過程，並結合攀爬架、溜滑梯等遊樂設施，讓學習成為一場充滿樂趣的冒險之旅。

　　再來，可以造訪「帝國製糖廠臺中營業所」，前身為日本帝國製糖株式會社的臺中工場，整修後，已成為一個充滿歷史風采的綠空廊道。在這裡，您可以欣賞歐風建築，俯瞰星泉湖美景，遙望三井購物中心的熱鬧景象。漫步在湖畔環湖步道上，感受這優美寧靜的景致，讓心靈完全放鬆。

　　接著，前往「文化部文化資產園區」，這裡有古色古香的日式傳統建築，還有吸睛的彩繪大酒桶等，提供您與孩子們拍照的好去處。

　　不可錯過的一站是「臺中綠空鐵道」，這裡原本是臺中鐵路高架化所保留下來的遺址，現在，它已經成為城市中的綠帶公園，您可以串起臺中火車站周邊的各個景點，例如第二市場、刑務所演武場、臺中舊酒廠、綠川水岸和鐵道文化園區等。

帶書本去旅行

◆《教出雙閱讀素養》陳明蕾、丘美珍／著，親子天下
◆《寫給小學生看的 AI 課》蔡宗翰／著，三采文化
◆《專題式學習，從小就能開始！》莎拉・列夫、阿曼達・克拉克、艾琳・史塔基／著，親子天下

公園裡的心靈驛站——
臺中市立圖書館興安分館、
李科永分館、精武圖書館

孩子自由遊戲形成創作時，過程遠比成果重要。

若成人只看結果不陪過程，就淪於只看遊具作品的思維。

周遭大人必須放下「成果展」思維和「結果論」價值，

不對成品過於期待，反而專注陪伴和觀察孩子行為背後深藏什麼意義。

——《公園遊戲力》

圖書館和公園是許多人童年時的陪伴。臺中市將這兩者融合在一起，推動「美樂地計畫」，打造了超過 130 座共融式公園。這些公園中除了有共融式特色遊具之外，還有美麗的圖書館隱身在公園裡的綠意盎然，有如公園裡的心靈驛站，讓許多人能動能靜選擇合適的氛圍進行活動。其中又以臺中市立圖書館興安分館、李科永分館、精武圖書館最為代表，充分考量到不同族群的需求而打造的圖書館與公園。

臺中市立圖書館：興安分館

　　興安分館位於北屯區最大的兒童公園內，前身是「北屯兒童分館」，曾是臺中市首座為兒童量身打造的圖書館，歷經近四十年的歲月，經全面空間改造，外牆立面為富有朝氣的純白建築，並轉型成一個適合全齡讀者的圖書館。

　　興安分館改造後充滿自然採光，與戶外的北屯兒童公園，綠意融為一體。藝術家吳芊頤創作的「窗景日和」，結合建築結構呈現繽紛的拼貼風

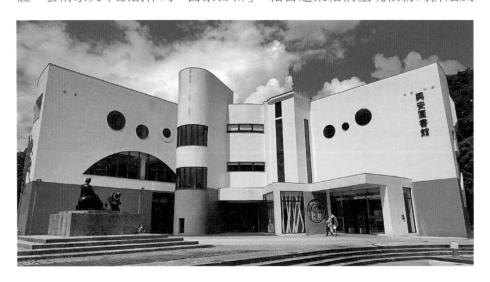

圓頂中庭從天窗引入自然光

波浪造型主題書牆

兒童閱覽室擁有各式圓形窗景

memo　**興安分館**

- ✉ 臺中市北屯區興安路一段
  162 號
- 🚗 ★★★
- 📞 04-22328546
- 🕐 週二至週六 8:30-21:00、
  週日 8:30-17:30，週一及
  國定假日休館
- 👍 眷村文化特色館藏、波浪
  造型書牆、挑高圓頂中庭
- 👥 無障礙廁所、親子廁所、
  哺集乳室、討論室、輪椅
  借用
- 📍 北屯兒童公園、積善樓、
  一德洋樓、眷村文物館

格，創造出景深效果，點出了興安分館最特別的窗景特色。

　　全館大大小小的圓窗，讓整個圖書館像一個大型照相機，任何一個圓窗都能捕捉到公園的美景，讓室內和室外融為一體。館內的吊燈和閱讀座位就像在咖啡館一樣，讓讀者能舒適的閱讀，同時可以時不時地看看窗外

閱讀中透過窗景捕捉到公園裡的美景

綠樹成蔭，讓眼睛得到放鬆，感受美好的日常風景。

　　進入圖書館，首先會看到波浪造型的書牆，展示著一本本精美的書籍封面，各種主題的書展成為整個館內的焦點。館內中央位置有一個古典風格的挑高圓頂中庭，順著環狀樓梯上樓，可以體驗到從天窗自然引入的陽光。每週六還有小松鼠故事屋舉辦的說故事時間，深受家長和孩子們的喜愛。

　　興安分館結合了豐富的遊樂設施和閱讀資源，是一個適合家庭和孩子們共度時光的地方。

跟興安分館去旅行

　　外縣市的朋友可以從臺中高鐵站搭乘捷運到四維國小站，步行五分鐘即可抵達位於北屯兒童公園內的興安分館。這裡是北屯區最大的公園，擁有豐富的兒童遊樂設施，如人工湖、涼亭步道、大草皮、盪鞦韆、溜滑梯和攀爬架等，更有籃球場、網球場和棒球場，孩子們玩累或感到炎熱時，能到圖書館內透過冷氣冷靜下來，並靜心享受閱讀。公園內有許多巨大的老樹，能觀察到松鼠、鴿子等小動物，非常適合家長帶著孩子來體驗。

　　附近還有積善樓和一德洋樓等市定古蹟，來這裡走走，既能感受到歷史氛圍，又適合拍照打卡。再往南走十分鐘就能抵達眷村文物館，可欣賞到許多與眷村相關的復古文物，很推薦大家來趟懷舊之旅。

李科永分館

　　李科永分館與黎新公園相連，結合了臺中美樂地計劃，打造成水環境教育主題園區。黎新公園提供各式攀爬遊具、兒童互動競技區和沙坑等設

memo 李科永分館

✉ 臺中市南屯區龍富路五段
一號

🚗 ★★★★

📞 04-22525966

🕐 週二至週六 8:30-21:00、
週日 08:30-17:30，週一及
國定假日休館

👍 幼兒教育特色館藏、穿山甲
造型自助借還書機、洞穴式
閱讀角落

👥 無障礙廁所、親子廁所、哺
集乳室、討論室

📍 黎新公園、黎明溝生態園
區、黎明新村特色店家

施，讓孩子們在遊樂中享受身心的成長和挑戰自我。

　　圖書館內部明亮通透，四周大片的玻璃窗牆將光線和綠意引入室內，與周邊的自然景觀相融合。李科永分館的館藏特色以「幼兒教育」為代表，特別是一樓的兒童區，入館就可看到三支色彩鮮豔的巨型鉛筆吸引著目光，讓人想到經典繪本《蠟筆大罷工》裡的場景，帶領孩子進入一個充滿童趣和想像力的閱讀空間。另外有圓形、六角形等洞穴式閱讀角落，小朋友可以自行選擇適合的閱讀空間，躲在裡面成為閱讀的祕密基地。

　　館方還配合南屯區吉祥物，打造可愛穿山甲造型的自助借書機，它的高度與孩子們身高相近，操作容易，很受

孩子們的歡迎。這裡不僅是借書的場所，更是一個公園的客廳，我們可以在綠意中閱讀、放鬆和享受親子時光。

跟李科永分館去旅行

李科永紀念圖書館位於臺中 74 號快速道路附近，交通便利，停車方便。在黎新公園盡情攀爬放電後，如果還想繼續探索，可以到黎明溝生態園區，那裡有豐富的生態資源和完善的步道，非常適合在傍晚和家人一起輕鬆散步。走累了可以去黎明新村社區逛逛特色小店，比如 Ms.Miss. 念小姐的店、回甘 Aftertaste，讓旅程更加幸福。

精武圖書館

memo　　**精武圖書館**

- ✉ 臺中市北區精武路 291-3 號
- 🚗 ★★★
- 📞 04-22293875
- 🕐 週二至週六 8:30-21:00、週日 8:30-17:30，週一及國定假日休館
- 📚 臺中學特色館藏、東南亞多元文化圖書、社會創新實驗基地
- 🏠 輕食區、親子廁所、哺集乳室、討論室
- 📍 臺中公園、湖心亭、一中街、國立臺灣體育運動大學、日曜天地 OUTLET、帝國製糖廠臺中營業所、秀泰影城

精武圖書館位於臺中公園，經過大規模改建後，成為一座時髦亮麗的現代化建築。日據時代興建的臺中公園一直是臺中經典地標，優雅的人工湖、湖心亭、日式風格的橋梁等，讓愈來愈新潮的臺中仍散發著一股古典氣息。

如果想深入瞭解臺中，不妨在 1 樓「臺中學」館藏特色區挑選幾本書籍，在窗邊閱讀有關臺中的文化歷史，同時欣賞窗外的臺中公園景色。這樣的體驗不僅延續了建築所承載的臺中豐厚歷史，也呈現民眾在臺中生活中的重要記憶。2 樓文學區有隨時變換主題的微型展，

上圖：1 樓臺中學館藏特色區
左圖：3 樓印尼等東南亞文化等
相關展覽

看書看累了可以抬頭看窗景也看展，或到戶外閱讀輕食區吃個簡易輕食。
3 樓開架閱覽區典藏超過 3000 冊東南亞語文圖書和刊物，提供新住民及移
工閱讀選擇。4 樓的臺中作家典藏館是臺中文學館的延伸，收藏了許多臺
中出生、生活、寫作的作家們的經典文物、作品和照片。透過常態展示，讓
你穿越時空，與臺中作家們的創作和故事相遇，同時感受美學和文學並存
的空間。

　　除了圖書館的傳統功能外，精武圖書館的 5 至 7 樓還設有社會創新實

驗基地，透過永續市集、社創基地小旅行等活動，可以認識不同從事公益的社會企業，也提供各種類型的社會創新講座，將閱讀與創新結合在一起，提供讀者跨領域交流、深入瞭解臺中創業與趨勢的機會。

跟精武圖書館去旅行

精武圖書館座落在一中街附近，推薦先到一中街享受美食和逛街的樂趣。接著，可前往帝國製糖廠臺中營業所，這裡保留了古色古香的日式建築，與湧泉公園相互輝映。沿著湖邊步道散步，環湖一周，欣賞風景。周邊還有三井百貨和秀泰商場，也是散步購物的好去處。

帶書本去旅行

◆《公園遊戲力》王佳琪、李玉華、還我特色公園行動聯盟／著，聯經出版
◆《七感遊戲玩出七大能力》陳婧（Tracy）／著，大好書屋
◆《奇妙的花園》彼得‧布朗／著，小天下
◆《臺中私房小旅行：跟著捷運輕鬆遊》克里斯‧李／著，電腦人文化
◆《吃在臺中：47家風味餐廳，品味臺中的食光記憶》岳家青／著，四塊玉文創
◆《永續力》願景工程基金會／著，果力文化

打造環境永續的生態綠建築——
臺中市立圖書館上楓分館

根向下無盡的伸延，形成穩固的基礎。

芽雖然看起來嬌小薄弱，卻能夠為了尋覓陽光而破土移石。

如果我們為地球所製造的各種問題，是一道道堅固無比的城牆，

遍布世界各地生根萌芽的千萬顆種子，就足以改變世界。

——珍古德

臺中市立圖書館上楓分館位於大雅區上楓國小旁，外觀採用溫潤的紅色清水磚，與隔壁的上楓國小融為一體。內部設計簡約而富有質感，搭配大片落地窗和高挑的空間設計，打造出一條自然排熱的通風路徑。

這座全齡化的綠建築圖書館榮獲國家卓越建設獎、美國繆思設計獎銀獎及中部生態綠建築的肯定，也是臺中第一座以「環境教育」為主題的公共圖書館，收藏超過 1500 冊環境教育主題圖書，還有綠色繪本、期刊、視聽資料等。

上楓分館兒童閱讀區設有有機造型的

memo

✉ 臺中市大雅區樹德街 255 巷 5 號

🚗 ★★

📞 04-25662188

🕐 週二至週六 8:30-21:00、週日 8:30-17:30，週一及國定假日休館

🏛 與學校共構的生態綠建築、原生植栽及結合

👶 輕食區、親子廁所、哺集乳室、討論室

📍 麗寶樂園、二和公園（蜂巢攀爬式設施）、大雅中科公園（超長磨石子溜滑梯）、圳前仁愛公園（看飛機祕密基地）、摘星山莊（充滿故事的老宅古蹟）、潭雅神綠園道（騎乘自行車）

上圖：生態草溝環繞上楓分館是
中部生態的綠建築。
左圖：搭配大片落地窗空間設計

書櫃和家具，讓小朋友可以找到屬於自己的閱讀角落，盡情閱讀豐富多樣的繪本。親子共讀區貼心地以大面落地玻璃隔出一個木地板專屬空間，讓大人和孩子在這裡享受舒適的閱讀時光。

上楓分館特別在二、三樓分別設置露台花園和壩雅露台，提供讀者戶外閱讀休憩的舒適空間。壩雅露台更以斜坡式綠屋頂，呈現過去大雅「阿河壩」的山丘草埔風貌。周圍環繞著生態草溝，種植楓香樹、臺灣欒樹、蜜源植物，吸引蝴蝶、蜜蜂、鳥類在此飛舞。

館方還會舉辦各式特色環境教育活動，如與生活息息相關的節電小撇步、舒壓療癒的景觀小物、專屬個人的拓印彩繪包、化廚餘為寶物的神奇魔術等。搭配推薦的環境教育主題圖書，讓人充分感受光影隨著時序和季節變化的流動，體驗永續環境的重要價值。這樣的活動，不僅讓孩子近距離接觸大自

親子共讀區

然，也能療癒心靈。

上楓分館是一個結合環境教育的特色圖書館，家長可以帶著孩子探索各種閱讀區，進一步認識環境教育與聯合國永續發展指標 SDGs。讓我們一起帶著笑容和好奇心，探索這個充滿魅力的親子天堂吧！

跟著圖書館去旅行

來到上楓分館，可以結合周邊的景點，打造一個豐富多彩的親子活動日程。上午，先帶著孩子前往潭雅神綠園道，騎腳踏車欣賞美麗的風景。中午，在休息站享用午餐，並讓孩子們在綠意盎然的環境中放鬆休息。下午來到上楓分館，讓孩子們在這個知識的海洋中擴展他們的視野。

或者，您也可以上午帶著孩子前往麗寶樂園，享受大型遊樂設施的刺激和樂趣。下午，抵達上楓分館，欣賞豐富的書籍和文化展覽。

或者，先去參觀摘星山莊，欣賞百年歷史的建築和藝術品。接著，前往上楓分館，讓孩子們在寧靜的圖書館氛圍中閱讀與休息。下午，前往大雅中科公園，讓孩子們盡情玩樂，特別是那長達 20 公尺的磨石子溜滑梯，絕對是他們的最愛。

帶 書 本 去 旅 行 ....

◆《地方創生 ×SDGs 的實踐指南》筧裕介／著，裏路出版
◆《向孩子借來的地球》福岡梓／著，果力文化
◆《1 天 1 項環保挑戰，與孩子一起打造永續地球》／著，臺灣東販
◆《自然教養》麥克蓮・杜克萊夫／著，商周出版
◆《地球生存地圖》《科塔普》雜誌／著，商周出版

點燃好奇心的扇形車庫轉盤——
彰化縣立圖書館

放射性的同心圓設計兒童閱覽區，象徵好奇心引領孩子向外探索

唯一你絕對必須知道的事情就是圖書館的位置。

——愛因斯坦

　　每次帶著孩子們外出旅行，都是激發他們好奇心的重要時刻。透過真實的旅行體驗，我見證了孩子們眼中閃耀的光芒，也發現他們對深入探索的渴望。火車對許多小朋友來說都是最愛，特別是男孩子。為了將這份渴

望和圖書館的無限知識連結起來，引發孩子們去探索真實世界和知識體系的連結點，距離彰化縣立圖書館不遠的彰化扇形車庫成為了首選。

扇形車庫位於臺鐵西部幹線的山線、海線交會處的彰化市，距離彰化縣立圖書館僅有短暫的路程。這個古老而美麗的車庫建於1922 年，是火車愛好者和家庭旅遊的熱門景點之一。它保存著豐富的火車文化和歷史，讓孩子們能夠親身體驗火車的奇妙世界。

從彰化火車站的後站廣場出發，有一條綠廊步道直通扇形車庫，沿途有可愛的喵星人公仔半半，引領著遊客走向扇形車庫，這條步道上記錄著臺灣鐵道文化的歷史軌跡。

第一次走進扇形車庫，孩子們被眼前的景象所驚艷。這裡展示著各種不同年代的火車頭，從蒸汽火車頭、柴油火車到電氣化的自強號火車，彷彿一本生動的火車大百科全書。孩子們每每仔細觀察每一輛火車頭的外觀和細節，然後對不同時代製造的火車產生了濃厚的興趣。

當孩子們對火車充滿疑問時，我不會直接告訴他們答案，而是幫助他們記錄問題，鼓勵他們主動去圖書館尋找解答。在那裡，他們可以找到關於火車的豐富圖書資料。

每天都有幾個時段可以觀賞超酷的扇形鐵軌轉盤運轉，火車頭在這裡改變方向停進 12 個超寬敞的車庫，就像湯瑪士小火車的可愛家園。走上觀景台，可以俯瞰整個扇形車庫，欣賞整齊排列的車頭和轉盤的壯麗景象。

memo

✉ 彰化縣彰化市中山路二段 500 號

🚗 ★★★★

📞 04-7292201

🕐 週二至週六 8:30-20:30，
週日 8:30-17:00，休館日
週一及國定假日

👍 彰化縣史館、閩南三合院紅磚建築

👪 親子廁所、哺乳室

📍 扇形車庫、戶羽機關車園區、禾家牧場、大山牧場、彰化市兒童公園、華陽公園、1895 史蹟館、天空步道、八卦山大佛風景區、賞鷹平台、彰化縣美術館、彰化縣立美術館、彰化生活美學館、台語文創意園區

中

部

彰
化
縣

有時候，還能幸運的看到蒸汽火車頭運轉，或是柴油火車進出車庫，甚至能看到現代化的普悠瑪號、太魯閣號慢慢進站。這些景象都令人著迷不已，扇形車庫的休息區還有用火車零件打造的機器人，更加引發孩子對火車組成的好奇心。

以主題圖書的轉盤，延展孩子閱讀興趣

彰化縣立圖書館結合扇形車庫，成為孩子們走向知識和火車奇幻世界的連結點。孩子們在火車世界和圖書館的書海中激發好奇心，從關注火車的書籍延伸到動力機械、其他交通工具和旅行主題的學習。孩子們可以找到《火車快飛繞家園》、《鐵道迷的第一本書》等火車主題書籍，深入瞭解火車的奧祕；也能將閱讀興趣延伸到火車的歷史、職人教育、不插電玩程式等不同領域。透過閱讀，孩子們提出問題並找到答案，獲得知識和自信，成長的光芒在彰化縣立圖書館閃耀。

一問一答，讓孩子透過翻閱書籍去查找答案

Q1 這地方為什麼叫做「扇形車庫」呢？

因為從高處看下來，建築物就像一把打開的扇子，以調車轉盤為中心，朝著軌道方向展開。

Q2 扇形車庫建造的目的是什麼？

扇形車庫建造的目的是為了維修和調度火車頭，早期的蒸汽火車頭只能單向行駛，無法倒車，所以設置 360 度旋轉盤，方便火車頭轉向，安排火

車班次和進行零件維修。

Q3 扇形車庫獨特的地方在哪裡？

　　這座扇形車庫是臺灣唯一同時擁有蒸汽火車、柴油火車和電氣化火車頭的地方。臺灣原本有五座扇形車庫，只有彰化這座被保留下來，是超過百年、至今仍在運作的國定古蹟。早期的轉車台在火車行駛過程中扮演了很重要的角色，必須進入車庫的轉車台 180 度迴轉，才能由基隆開到彰化，再返回北上。這裡的保存得來不容易，多虧了彰化當地居民和鐵道迷的共同努力。

八卦山的知識藏寶庫：彰化縣立圖書館

　　彰化縣立圖書館位於八卦山入口牌樓旁，這座由知名建築師漢寶德設計的高聳紅磚建築，以閩南三合院傳統造型打造 U 字型的建築動線，榮

彰化縣立圖書館環繞著 8 根書法題詩的大柱

扇形車庫的圓形轉盤

獲全國公共圖書館評鑑中的「建築空間特色圖書館獎」。走進一樓大廳，寬敞高挑、明亮通風，環繞著八根書法題詩的大柱，展示各式主題圖書，帶領人們走入知識的寶庫。再搭配西洋風味的吊燈，八卦山下的書香氣息自然散發。

兒童閱讀區位於二樓，以引人注目的恐龍和大象造型書架為特色，搭配放射性同心圓的天花板與座椅，營造溫暖的閱讀環境。還有特別為 0-3 歲寶寶打造的嬰幼兒閱讀區，圓潤的桌椅邊角、輕巧的書本，都能讓嬰幼兒舒適自在。青少年閱讀區則設有獨立漫畫區，讓讀者盡情享受名偵探柯南等經典漫畫作品。三樓特別設置了彰化縣史館，展示大事紀、鄉鎮市概述、開發史等主題展示區，並呈現清代彰化縣城的模型，可以深入瞭解這古城的歷史。此外，書道館也展示著書法用具。無論是孩子還是成人，都能在這裡找到自己喜愛的書籍和閱讀的樂趣。

跟著圖書館去旅行

從彰化縣立圖書館出發，可步行前往 1895 八卦山抗日保臺史蹟館。這裡原是防空洞，現在展示了乙未戰爭等抗日歷史，呈現時空隧道般的旅程，隨後，可以穿越文學步道，前往彰化文學館和賴和詩牆。文學步道記錄了彰化文學發展的簡史，並有著名作家的詩文和生平簡介。在賴和詩牆前，感受臺灣新文學之父的詩情畫意，這裡也成了八卦山的重要地標。

接下來，進入大佛風景區，可以透過天空步道去體驗大佛的莊嚴風姿，從觀景平臺還可俯瞰彰化平原的美景。

或者也可以到「八卦龍」共融遊戲區、華陽公園體驗攀爬坡、磨石溜滑梯、鳥巢鞦韆等共融遊樂設施。如果想要來場牧場之旅，也可以到禾家牧場、大山牧場等，吃鮮奶霜淇淋等乳製品，享受親子近距離餵牛、觀賞幫牛媽媽擠奶的樂趣。

帶 書 本 去 旅 行 ....

- ◆《彰化小食記》陳淑華／著，遠流出版
- ◆《兩撇嘵鬚醫生—賴和》黃郁欽／著，大塊文化
- ◆《臺灣鐵道》古庭維／著，Croter ／繪，蔚藍文化
- ◆《原來有這站：臺灣祕境鐵道旅》許傑／著，電腦人文化
- ◆《彩色全圖解！鐵道迷的第一本書》鄧志忠／著，遠足文化
- ◆《鐵道博物館：鐵道與文化的連結器》蘇昭旭、周永暉／著，科技圖書
- ◆《小黑啤玩臺灣：彰化篇 - 逛老街》陳坤聖、王睿加／著，臺灣吧 Taiwanbar

連結閱讀與產業的閱讀花園——
埔里鎮立圖書館

館內新書展示牆用不同主題書展呈現閱讀就是力量

memo

- ✉ 南投縣埔里鎮六合路 178 號
- 🚗 ★★★
- 📞 049-2984144
- 🕐 週二至週日 9:00-18:00，週一及國定假日休館
- 👍 埔里文庫
- 👶 親子廁所、哺乳室
- 📍 廣興紙寮、龍南漆藝博物館、敲敲木工房、木生昆蟲博物館、台一生態休閒農場、18 度 C 巧克力工房

技藝，是人在宇宙中為自己所找到的位置。
　　　　——法國人類學家李維·史陀

　　埔里，這個臺灣知名的藝術小鎮，不僅擁有宜人的氣候和美麗的山水，更位於中臺灣各大城市和觀光景點的交通樞紐。這裡的魅力不僅體現在多元的族群和豐富的特色產業上，如酒、手工紙、茭白筍、天然漆，迷人的花卉更是埔里的驕傲。

　　近年來，埔里鎮立圖書館更成為當地的觀光景點。除了圖書館本身，還有多家獨立書店，如籃城書房、山里好巷，都彰顯了埔里對於閱讀和文化的重視，街頭巷尾充滿藝術氛圍。

　　走進簡約的埔里圖書館，透過潔淨的大片落地窗，外面的老樹和美景盡收眼底。一樓的「閱讀花園」讓人在綠樹的庇蔭下，品味花香，盡情享受「一本好書、一杯咖啡、一份好心情」的閱讀時光。而走上二樓的「童書樂園」擁有親子閱讀室、兒童網路資源區、漫畫及童書繪本區等。三樓的「書香桃源」則是融合書香與人文的閱讀區，提供了參考圖書區、愛鄉讀鄉、地方文獻區等，展現埔里多元豐富的族群文化，成為「人類學研究的寶庫」。

右圖：埔里文庫區展示街區雜貨小賣所「日興商店」。下圖：小火車閱讀角落

埔里圖書館還建立了一個「埔里文庫」，保存當地文化、文學和歷史，從鎮民的日常生活用品到本地藝術家的藏書，都被視為館藏的一部分，使這座圖書館宛如一個地方歷史博物館。其中，街區的「日興商店」被巧妙地重現，以木造建築和精緻的舊時家具、生活用品再現當時的空間，並用老菸酒牌繪出舊時代的氛圍。在另一個角落，展現出的是小鎮醫師李長的工作場景，木製的招牌、醫學書籍、診病桌，以及太太黃淑郁的「三菱十字號鐵馬」，將日治時期的診療所景象完整地重現出來。圖書館還曾與文化部、巫永福文化基金會等機構合作，舉辦盛大的巫永福百年文學紀念活動，建置「巫永福文庫」，表揚巫永福老師對臺灣文學的巨大貢獻。

　　還有彩繪亮麗的行動圖書館定期巡迴郊區小學或社區，並邀請兒童文學作家到校園裡演講，以及結合 18 度 C 文化基金會，在偏鄉學校推動「我愛閱讀」兒童閱讀護照計畫。在巧克力等獎勵誘因下，讓小學生完成「愛看書」、「愛活動」、「愛寫作」三項認證，帶給鄉間孩童閱讀的希望。不僅如此，埔里鎮立圖書館還走進社區，將繪本帶到社區長照站和關懷據點，訓練長輩們自己看書講故事，延緩長者的老化和失智的現象。

　　館方還首創了「圖書館駐館作家、藝術家、音樂家計畫」，每年邀請在地藝術家、文學家和音樂家駐館進駐，結合超過四十多位藝文工作者，以講座、課程、工作坊等形式融入圖書館的活動中。館方也結合不同產業，舉辦各種產業體驗活動，例如手工紙製作體驗，認識造紙的過程和紙的產業。也有結合主題書展和當地產業，舉辦各種活動，比如植樹節的主題書展配上花卉產業的盆栽植物，世界地球日的主題書展配上生態瓶的手作。

　　埔里鎮立圖書館讓閱讀與生活、閱讀與文化、閱讀與產業這三者成功交織在一起，讓閱讀成為一種生活方式，而不再僅是一種學習手段。而埔里圖書館不僅是一個閱讀的殿堂，更是一個融合藝術、文學和社區的閱讀花園。

跟著圖書館去旅行

　　走進埔里，家長可以帶孩子來一趟文化探索之旅。先到廣興紙寮，透過參觀紙廠和造紙的過程，更深入瞭解紙產業的歷史和技術。或者前往龍南漆藝博物館，這裡展示了不同類型的漆器和漆工藝品，可讓孩子深入瞭解漆的製作和應用，欣賞漆藝的美妙之處。還可到敲敲木工房親自參與木工製作活動，體驗木工的技藝和創作過程。

　　木生昆蟲館則展示了標本產業的相關知識，可以觀賞到各種昆蟲的標本，並瞭解牠們的生態和特徵，這是一個近距離接觸昆蟲世界的好機會。或是到台一生態休閒農場，在茂盛的花卉中放鬆身心，體驗大自然的療癒力量。再到 18 度 C 巧克力工房品嘗各種口味的巧克力、生吐司和義式冰淇淋。

　　跟著埔里鎮立圖書館的腳步，從生活出發，以文化為軸心，深度遊覽埔里，讓每一次的旅行都成為一次全新的學習與體驗。

帶 書 本 去 旅 行 . . . .

◆《到埔里遊學》郭雄軍、蔡鳳琴／著，稻田出版
◆《到埔里來我家，在地人帶你玩得不一樣》容雨君、張晉瑞／著，墨刻出版
◆《臺灣蝴蝶圖鑑》李俊延、王效岳／著，貓頭鷹出版

坐擁各國繪本的故事城堡——
雲林縣斗六繪本圖書館

擁有不同動物守護的童話城堡

memo

- ✉ 雲林縣斗六市公正里莊敬路 66 號
- 🚗 ★★★★
- 📞 05-5321992
- 🕐 週二至週日 8:00-18:00，休館日
  週一及國定假日
- 👍 各國繪本館藏
- 👶 親子廁所、哺乳室
- 📍 雲中街文創聚落（日式警察宿舍
  改造的文化聚落）、太平老街（巴
  洛克式建築的老街）、行啟記念館
  （日治時代的公民會堂）、斗六籽
  公園、中山紀念公園

圖書館是故事的匯聚之地，
也是尋找故事者的聚會所在。

——蘇珊·奧蘭

　　斗六市的繪本圖書館是臺灣的第一個專為孩子打造的圖書館，一走進去就能感受到一種走進安徒生童話的魔幻氛圍。它的外觀有點像迪士尼的夢幻城堡，彩虹和白雲的裝飾讓人彷彿走進了

童話世界。城堡的大門是不可或缺的，一條傾斜 15 度的無障礙坡道就像是城堡周圍的護城河，而吊橋則是進入城堡的通道，吊橋的另一邊是一扇橘色的門。在繪本大門的外頭，兩隻小石獅像是在等待著我們，讓孩子們覺得這個圖書館是他們的朋友。

當你走進圖書館，就會被結合地方特色相關的豐富色彩所吸引，設計巧妙地融合了斗六文旦的綠色、茂谷柑的橘色和絲瓜花的黃色等農產色彩。空間也採用本土布袋戲的舞台設計，處處體現出「在地特色」，讓孩子們很快就被吸引，不規則的曲線造型沙發，供大人和小孩們坐、躺或臥，每個人都能找到一塊私房角落，沉浸在繪本的奇幻世界中。

在這個快節奏、壓力沉重的現代社會裡，我們都可能會感到被生活壓垮的沉重負擔，特別容易積累起負面情感。這個問題在斗六繪本館得到了解決方案。針對兒童和樂齡人士，透過繪本書目療法專區與志工導讀，讀者可以繪本進行情感療癒，不僅維持了心理健康，還促進了其發展。

圖書館地下室的開放性劇場，成為自然探索的園地，與老人活動中心、斗六公園等形成一個故事繪本主題園區，並與當地文化相互融合、相互延伸，營造出獨特的特色。

從繪本看世界

繪本圖書館不僅有臺灣本土的繪本，還有來自 42 個國家的各種繪本，讓你在這裡就能「從繪本看世界」。

沈秀茹館長特別推薦三個區域給大家，「閱讀起步走專區」、「臺灣作家專區」和「國際繪本區」，讓大家可以根據自己的需求，選擇合適的書來閱讀。閱讀起步走專區根據年齡細分了 0-2 歲、3-4 歲和 5-6 歲的適齡閱讀

書籍。臺灣作家專區展示了本土原創繪本作品,透過與作家對話講座,認識臺灣作家的故事及創作靈感來源。國際繪本區則透過「愛旅行,回國請為孩子帶一本繪本」計劃,已收到來自約 42 個國家,超過 1600 冊的繪本,來自中、美、日、英、愛沙尼亞、克羅埃西亞、土耳其等地,都是世界各地旅人帶回來的。

成人閱讀繪本並非只是一時的流行,
而是一種必要的需求

　　除了孩子的需求外,繪本館近年來也積極推動成人療癒閱讀,館內設有一個極富療癒感的角落,擁有許多療癒書籍和療癒盆栽。並透過舉辦成

跟著繪本走向國際的國際繪本區

人閱讀繪本讀書會，讓書籍、音樂、電影等閱讀素材成為人一生中最好的朋友。

繪本推廣者賴嘉綾老師提倡成人閱讀繪本並非只是一時的流行，而是一種必要的需求。透過推廣成人閱讀繪本，可以發現習慣閱讀繪本的成人更願意進行開放的對話和思考，同時能在短暫的閱讀時間中轉換情緒，有助於休息和思維的發展。只要拿起繪本區的任一本圖書，不需要考慮結果，也無需深究原因，只需純粹享受做為讀者的樂趣。

圖書館職人閱讀處方箋
沈秀茹館長

「美」是一生的學習，美感教育需要從小扎根，繪本是文學與美學的交織，非常合適親子共讀。探索繪本館分齡分眾的書區，讓每個年齡層的親子都可以找到合適的書籍。

跟著圖書館去旅行

從斗六車站出發，邊散步邊遊玩，不用十分鐘就可以遇見許多有趣的地方。首先是雲中街的文創聚落，這裡充滿了日式風情，讓人好像走進了時間隧道。沿路前進，充滿巴洛克風格的太平老街就在眼前；再往前行，行啟紀念館就在前方，裡頭滿滿都是歷史文化的寶藏，讓人一窺當年的風華。

想讓旅程更有趣味，可別忘了去二手玩具店「兒童觀邸」，讓自己回到純真的童年。如果你喜歡悠閒的走走停停，或者喜歡騎腳踏車探索，可以參與「斗六街散步聯盟」的活動，聆聽導覽員講述斗六的歷史和文化，絕對讓你在斗六的每一步都充滿驚喜和收穫。

如果還想更深入瞭解斗六，沈秀茹館長推薦的三本繪本就是你的最佳導遊；《雲林溪還記得》帶你回顧溪流的故事，《女丈夫的三層樓》讓你瞭

解一個傳奇女性的生活，《阿弟仔遊斗六》則是一本帶著你遊覽斗六的繪本。

　　下次假日就帶著家人來斗六繪本館走走，和孩子一起更深入瞭解我們身邊的故事，找出那些藏在細節中的小幸福吧。

帶書本去旅行 ．．

◆《跟阿公做木雕》、《女丈夫的三層樓》、《心安的舊城區》黃惠玲／著，阮光民／圖，雲林縣斗六市公所
◆《時光魔戒》王玉鳳／文圖，雲林縣斗六市公所
◆《老街上的咚咚聲》王玉鳳／文圖，雲林縣斗六市公所
◆《雲林溪還記得》黃惠玲／著，陳冠伶／圖，雲林縣斗六市公所

書香漫遊雲林——
將閱讀融入生活的微冊角落計劃

　　儘管雲林縣各地都有圖書館，但對於偏遠地區的居民來說，前往圖書館可能要花費不少時間。該如何把閱讀轉化為日常生活的一部分，讓更多人輕易地接觸到書籍呢？這便是「微冊角落」計劃誕生的初衷。

　　「微冊角落」自 2017 年創立以來，讓閱讀不再只是一個單一的活動，而是讓每個人的生活中都充滿書香，即使在偏遠地區，也能感受到書香知識的魅力。在這裡，你可以找到超過百家的特色店家，包括美味的餐廳、溫馨的咖啡店、精緻的伴手禮店、綠意盎然的農場，還有充滿文化氛圍的文化館和手作工坊。微冊角落將雲林的各鄉鎮市串聯在一起，讓每個人都能夠輕鬆探索多元且獨特的閱讀地圖。

微冊角落

微冊角落有一個特別的活動「一本萬力」。這是個書的漂流旅行，大家可以捐出一本書，然後再到參與計畫的店家免費換取一本書。一本萬力像是將錢存在銀行的概念，也把知識存到雲林民眾的日常生活中。讓書籍不斷流傳，也讓雲林的每個角落都變成了一個共享的圖書館，讓閱讀真的成為了一種生活方式。

「微冊角落」已在國內取得商標專利權，成為雲林的專屬閱讀品牌，不僅在縣內有據點，也擴點至高雄、台南、嘉義、台中、彰化、南投及澎湖等七個外縣市。更持續開放全縣店家加盟，進駐到 7-11 全家便利商店，讓每個人都能感受到閱讀的樂趣。而為了鼓勵大家喜歡閱讀，還舉辦了「微冊VIP 優惠活動」，只要申請借閱證，便可在微冊商家享有優惠的活動。

「微冊角落」的另一個特點是，每一家店家都像一本書，都有自己的故事。希望透過這種方式，讓每個來訪者都能夠感受到雲林的特色，並進一步瞭解這片土地。

2023 年還與《Ko-reading 在韓愛書人的共享書櫃》合作，透過遠嫁到韓國的雲林縣民，在釜山臺灣人的善心捐書及三位創辦人積極募書擴點的努力下，在全韓國共設立了七個共享書櫃站，繁體中文書總數達數百本流通，並積極在韓國當地舉辦多場的閱讀活動，進而讓「微冊角落」揚名國外。

「微冊角落」是個充滿熱情和創新的閱讀空間，家長可以帶著孩子來雲林，感受這裡的閱讀風潮，一起透過閱讀，更加瞭解這個世界。

帶書本去旅行

◆《二手書店店員日記》尚恩・貝西爾／著，聯經出版
◆《雲林輕旅行：魚夫手繪散步地圖》魚夫／著，雲林縣文化局
◆《舊愛雲林：26 則雲林ㄟ故事》雲林縣政府／著，雲林縣政府
◆《讓世界旅人看見臺灣：地方創生╳觀光創新的 12 堂課》臺灣觀光策略發展協會（DTTA）等／著，臺灣商務

林鐵杉池——
藝術與自然融合的嘉義市文化局圖書館

文化中心旁有昔日製材工場貯木池「杉池」，為諸羅八景之一

memo

- ✉ 嘉義市東區忠孝路 275 號
- 🚗 ★★★★
- 📞 05-2788205
- 🕐 週日 9：00-17：00；週二至週六 9：00-20：00，逢週一、國定假日休館
- 👪 親子廁所、哺集乳室
- 📍 檜意森活村、嘉義市美術館、阿里山森林鐵路園區、花磚博物館、嘉義公園、文化路夜市

嘉義市是阿里山林場的木材集散地，也是阿里山森林鐵道的起點，被稱為「林業城市」。為了連結地方文史、推動林業和鐵道文化復甦，嘉義市政府文化局圖書館致力打造獨特的「森林鐵道圖書館」。多年的努力下，圖書館展現在地文化特色，成為嘉義市的代表性文化景點。

嘉義市文化園區是一個結合了藝術與自然的瑰寶。這裡擁有三棟建築，分別是圖書

館、博物館和音樂廳，佔地五千多坪，並與美麗精緻的庭園相得益彰。圖書館設計中融入了嘉義市最具代表性的元素，包括火車、森林和櫻花。兒童圖書區的天花板和裝飾都以櫻花造型點綴，淺粉色調受到民眾喜愛，使圖書館更加親切。

博物館地下室是嘉義市交趾陶館，1 至 4 樓則設有各類展覽室。音樂廳舞臺布幕上以國畫大師林玉山的作品「蓮池」為圖案，並使用手工編織的綢緞。在音樂廳北側的水池，有著一段特殊的歷史。在日治時代，這裡

是配合阿里山鐵路運輸的「杉池」，用來浸泡木材。當時池旁植樹蓊鬱，陰影遮天，是人們垂釣林下、悠然自得的好去處。這片「檜沼垂綸」也曾被列為諸羅八景之一。

上圖：嘉義市博物館，下圖：北門車站乘坐阿里山林業鐵路的火車。

上圖：蒸汽火車主題的兒童閱讀室。
右圖：智慧還書架。

　　嘉義市文化局圖書館與獨立書店的合作關係非常緊密，例如，嘉義市文化局與嘉義書式生活合作，在嘉義製材所舉辦了「讀嘉文學生活市集」，為 423 世界閱讀日帶來獨特體驗。

　　另外，圖書館還舉辦了「書店共讀計畫」，邀請當地的獨立書店與讀者分享他們喜愛的書籍，並提供讀者在圖書館借閱相關書籍的機會。這樣的合作不僅推廣了獨立書店，也豐富了讀者的書籍選擇，提升了閱讀的體驗。

跟著圖書館去旅行

　　讓我們帶著圖書館的指南，一同展開一趟充滿藝術與知識的嘉義之旅。首先，建議前往嘉義市文化園區附近的檜意森活村，在這裡，你可以欣賞到傳統檜木工藝的精湛技藝，感受到木頭的質樸與香氣。

逛完檜意森活村後，接著前往阿里山森林鐵路園區，來到這裡將有機會搭乘「Formosensis 福森號」，全新六輛檜木車廂散發迷人的香氣，火車內部的視覺設計與搭乘時的舒適度都有高度的享受。沿途的風景如詩如畫，絕對能讓你與孩子都留下難以忘懷的回憶。

　　也可以參觀花磚博物館，這個博物館專注於花磚的展示和保存，在這裡，可以欣賞到各種精美的花磚藝術品，並且瞭解花磚對於嘉義文化的重要性。

　　最後，來到森林之歌，這是一個以自然為主題的公共藝術裝置，音樂和視覺藝術相結合，呈現出一個充滿詩意的空間。

帶書本去旅行

◆《樹》沃依切‧葛萊果斯基／著，小天下出版
◆《島讀臺灣：旅行時，到書店邂逅一本書》詹慶齡、余尚彬／著，方舟文化
◆《老雜時代：看見台灣老雜貨店的人情、風土與物產》林欣誼、曾國祥／著，遠流出版
◆《森林祕境》、《樹之歌》、《傾聽地球之聲》、《嗅聞樹木的十三種方式》大衛‧喬治‧哈思克／著，商周出版
◆《樹的祕密生命》、《歡迎光臨森林祕境》彼得‧渥雷本／著，商周出版
◆《聆聽樹木的聲音》詹鳳春／著，麥田出版
◆《自然解剖書》茱莉亞‧羅思曼／著，遠流出版

五感探索的城市灶咖——
臺南市立圖書館新總館

金色格柵外牆靈感來自臺南老屋窗花元素

memo

- ✉ 臺南市永康區康橋大道 255 號
- 🚗 ★★★★
- 📞 06-3035855
- 🕐 週二至週六 8:30-21:00、
  週日 08:30-17:30，週一及國
  定假日休館
- 👪 親子廁所、哺集乳室
- 📍 閱之森公園、國立臺灣文學
  館、國立臺灣歷史博物館、
  中西區圖書館

食譜沒有靈魂。

做為廚師的你，必須將靈魂帶入食譜中。

——《法國餐廳食譜》

　　閱讀、上烹飪課、買書兼喝咖啡、享受音樂會與展覽、學習 3D 列印，打破圖書館不一定都要安靜、注入另一種閱讀氛圍，這些場景不是發生在文創園區，而是臺南市立圖書館新總館所呈現的風貌，把圖書館融入市民生活。

臺南市立圖書館新總館獲得多項殊榮，包括 2022 年國家卓越建設獎的「最佳施工品質獎」和「最佳環境文化類的特別獎」，以及 2021 年知名雜誌 La Vie 頒發的「臺灣創意力 100」十大創意場域之一。

此生必去的人氣圖書館

「南市圖新總館」的前身是擁有超過百年歷史的「臺南公館附屬圖書館」，新總館是地下二層、地上六層的建築，倒立階梯式立面設計，是大樹意象的展現，由下而上逐層向外出挑，創造出大量遮陰空間，也創造出舒爽的微氣候；最上層立面格柵使用高科技材質，具有防熱功能，立面上的圖紋則取材自臺南老屋窗花，向古都的歷史脈絡致敬，也讓新總館建築連結了府城的過去與未來。

前衛新穎的設計，讓線條在光影之間追逐，館內以一座公共藝術作品「陣風」（Gust of Wind）為主視覺，由藝術家保羅‧考克斯基（Paul Cocksedge）所設計，以書頁被風吹起的意象，點出所在地為「圖書館」。還有貫穿圖書館各樓層的紅色樓梯，吸引人們眼球的視覺焦點，怎麼拍都能營造出奇幻的視覺感，受網友譽為「此生必去」的人氣圖書館。

通透的建築造型不只打通室內外空間，在兒童閱讀區的外面設置了戶外空間，讓父母可以與孩子在那裡閱讀並互動。

館方使用圖形化的方式標示書籍分類，讓孩子容易辨識主題，找書更直覺。許多孩子很喜歡閱讀繪本，就把繪本獨立一區，再把繪本分成了文學類、知識性等類別。

也有特別主題如「恐龍」，開館到現在，恐龍主題書櫃大部分時候都

是空的，原因是一上架，就被小讀者借走了。**這樣的主題分類的方式，很容易引導孩子去找到想看的書進行閱讀。**兒童閱覽區另設有 0-5 歲幼兒「說、唱、讀、寫、玩」五感探索區，以說故事、塗塗畫畫、唱兒歌、玩繪本，啟蒙孩子的閱讀五感體驗。

館內四樓策畫了「臺南名人堂」常設展，運用多媒體互動裝置，以光影呈現兩百餘位臺南相關名人事蹟。開架圖書設有臺南資料及作家作品專區，收藏臺南相關作家著作，並以作家姓氏排序分類。臺南資料區則以文創、藝術、悠活、生態、人文、市政等分類展出相關出版品，可深入瞭解人文薈萃的臺南文化史蹟。

新總館蛙寶故事團讓親子享受故事時光

「城市灶咖」的烹飪教室每開課必秒殺

「食」光的書香

食物是認識一個城市的最佳媒介，韓國首爾有一座烹飪圖書館，每個樓層都能體驗到不同的感官樂趣，一樓有熟食店、麵包店、咖啡廳與用餐區；二樓則是收藏超過一萬本烹飪書籍的圖書館，並特別規劃了原料屋，展示各國食材與香料；三樓是多功能廚房，能舉辦烹飪課程與講座；四樓的食譜室外型宛如溫室，提供專屬的用餐體驗。讓人們透過視覺、觸覺與味覺探索飲食的世界。

而在臺灣，南市圖新總館也首創在公共圖書館設立「城市灶咖」烹飪教室，讓民眾可以學習飲食文化，並透過實作進行彼此交流，享受書香與美好「食」光。

累了，館內有獨立書店「烏邦圖」營運的咖啡館，有時還會有「咖啡讀書會」，讓人在咖啡香中享受閱讀的樂趣，讓讀者不只借好書，更可直購好書，是一個可以消磨一整天的臺南好地方。

跟著圖書館去旅行

鄰近新總館的閱之森公園，是很受孩子們喜愛的戶外遊樂場，圖書館會不定期在那裡舉辦閱讀活動，提供自由閱讀的環境。

如果想體驗臺南的豐富文化，首推距離新總館不遠的臺灣歷史博物館，館內設有兒童區，非常適合家庭共同參觀。或者也可一遊中西區圖書館，這是臺南市第一座位於古蹟內的圖書館，並保留已經停業的「新光榮照相館」，讓讀者能夠在其中體驗傳統攝影的樂趣，還可搭配走訪前身為日據時期臺南州廳的國立臺灣文學館。

帶 書 本 去 旅 行 ．．

◆《臺南：家》范毅舜／著，本事出版
◆《臺南遊》孫心瑜／著，小魯文化
◆《台南老店散步》陳貴芳（鱷魚）／著，馬可孛羅

探索臺江國家公園——
臺南市台江文化中心圖書館

結合演藝廳、圖書館、社區大學，三合一的台江文化中心

memo

✉ 臺南市安南區安吉路 1 段 207 號

⌨ ★★★★

☎ 06-255-8136

🕐 週三至週五 9:00-19:00，週六至週
日 9:00-17:00，逢週一、週二、國定
假日及月末週五清潔日休館

👍 台江國家公園

👪 親子廁所、哺集乳室

📍 台江國家公園、台江鹽田生態園區
（南寮鹽村）、國立臺灣歷史博物館、
音波觀光工廠、樹谷生活科學館

台江文化中心是全國第一個集演藝廳、圖書館和社區大學於一身的文化中心，並且是第一個由地方社區、文化教育工作者、社團和廟宇領導者共同發起的公共文化建設項目。

不規則的幾何造型建築，中心由兩棟建築物組成，一棟是劇場棟，另一棟是教學棟。其中，劇場棟包括一個可容納四百人以上的專業級多功能劇場，還

有劇場大廳、展覽空間、專業排練室和戶外表演舞台。而圖書館則位於教室棟的地下層,包括視聽區、藏書區和行政區,是一個集綠色環保、教育推廣和藝術表演於一體的多功能文化中心。

　　台江劇場旁有一片草地和老樹,老樹旁邊裝了攀爬網,可讓精力旺盛的孩子充分放電,還有兩個木作的遊戲器具,適合 3 歲以上的孩子。

圓與圓形成的閱讀空間

　　走進這座圖書館,你將會被映入眼簾的素淨雅白與柔和的光線所打動,巧妙地運用圓形結構,打破了傳統的直線框架,創造出一個個溫潤而

劇場棟旁的榕樹底下有攀爬網可供小朋友爬上爬下

感性的閱讀區域。這裡的一切，從圓形閱讀空間到動物造形的椅子，都呼應著圖書館的定位：一個親子閱讀的天地。就像館內的圓形空間設計一樣，大小讀者在這裡閱讀的每一個字，都會在他們的心中激起一圈圈的漣漪。

有如咖啡館自在的各式桌椅

　　親子圖書館的設計充滿了人性化的考慮，除了書櫃以外，其他的儲物櫃都也以小讀者為考量，他們可以自由拿取和翻閱書籍，而不需要大人的幫助。為了讓小讀者更加喜愛閱讀，圖書館還提供了教具和立體書籍。書

親子共讀區是親子閱讀交流的最佳熱點

架上的黑面琵鷺，仿佛在展翅飛翔，為閱讀空間增添了一點趣味。

　　閱讀在這裡就是生活，就如館內規劃有台江文史研究專區，在這座由地方催生的圖書館，歷史人文地理與讀者一同生活脈動。

跟著圖書館去旅行

　　在這片綠寶石的背後，還有一個讓您更深入瞭解臺灣歷史的地方——國立臺灣歷史博物館。這座博物館不僅有常設展，帶領大家穿越臺灣數百年的歷史，更有兒童廳與四個精彩特展，提供豐富多元的體驗。在這裡，您可以透過互動裝置以及場景重現，認識臺灣早期原住民的生活，感受漢人度過黑水溝遷徙來的歷史情節，深入瞭解荷蘭、西班牙人統治時期，並一直延伸至清領、日治時代，直至現在的民主臺灣。

　　穿越臺灣歷史博物館，再來探索台江國家公園。台江內海，是自然生態與歷史的交融之地。在台江國家公園，您可以搭乘觀光船，欣賞紅樹林、蚵棚，感受泥沙淤積造成的河海交界景觀，親近自然的奧祕。

　　這趟跟著圖書館的旅行，結合臺灣歷史博物館與台江國家公園，不僅可認識臺灣的歷史，更能深刻感受這片土地的獨特魅力，非常值得一遊。

帶書本去旅行
- 《台江鳥達人》謝明芳／著，阿奇／圖，台江國家公園管理處
- 《聽說台江有寶藏》楊皓／著，阿奇／圖，台江國家公園管理處
- 《小螃蟹遊台江》廖炳焜／著，哇哈／圖，科寶文化
- 《小水鴨，兩個家》王文華／著，顏銘儀／圖，科寶文化
- 《臺灣最美的地方：國家公園地圖》陳又凌／著，聯經出版
- 《荒野之子：「國家公園之父」約翰・繆爾的傳奇人生》茱莉・貝塔納／著，野人出版
- 《寶可夢之父：田尻智》菊田洋之／著，遠流出版

左圖右書的浪漫書戀——
高雄市立圖書館

高市圖總館、承風書店以空橋連結閱讀樂園

memo

- ✉ 高雄市前鎮區新光路 61 號
- 🚗 ★★★★
- 📞 07-5360238
- 🕐 週二～日 10:00~22:00，
  國定假日 10:00~17:00
- 👍 國際兒童繪本中心、生活索書號、左圖右書空橋
- 👥 親子廁所、哺集乳室
- 📍 草衙道、集盒、台鋁、新光碼頭、紅毛港文化園區、玫瑰教堂

創意的工作好比在黑暗中凝視，

你必須讓自己先安靜下來，

眼睛才能適應黑暗。

適應黑暗後才能漸漸看見輪廓、光影，

眼睛是這樣，我們的心也是如此。

——義大利建築師倫佐・皮亞諾

　　高雄市立圖書館總館如同一棵生機盎然的大樹，身著綠色建築的外衣，隨時歡迎你走進其豐富的知識林海。圖書館以空橋連接總館和文創會館，巧妙地將數位科技和文創融為一體，提供了獨特的城市閱讀體驗，像是打開了一扇知識的新大門。

　　進入總館，無柱設計與挑高空間給你如雲海般的舒適感受，閱讀的每一刻都是愜意的享受。而 5 樓以上則是被樹海包圍的閱覽空間，引入大量自然光源，讓你感受大自然的氛圍。頂樓是一個寬闊的空中花園，可以俯瞰高雄港的美景。

　　這座總館也獲得了多項綠建築獎項的肯定，是一座充滿創意和環保理念的建築。

右圖：關鍵出版之窗展示絕版的經典好書
下圖：透過高市圖空中花園可以俯瞰高雄港

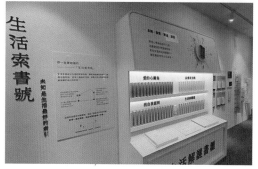

高市圖總館還推出了多項創新服務與政策，像是打造 AR 空間、辦 VR 攝影工作坊，甚至舉辦夜宿活動等等。也引進電子書公共借閱權，與雲端書庫合作提供免費的電子書服務，同時回饋給創作者，鼓勵數位內容的創作發展。此外，總館還設有國際兒童繪本中心和國際多元文化專區，讓兒童和各族群都能找到專屬的閱讀空間。

上圖：國際繪本中心大量搜集來自世界各地的繪本
下圖：生活索書號將生活連結到好書

浪漫的書戀：與書本的盲目約會

你是否已經厭倦了只看書名和作者就選擇書籍的刻板模式？高市圖為讀者打造一場別開生面的「與書本的盲目約會」，打破了我們選書的固有模式。館方用紙袋覆蓋住每本書，包裝上是一張精心擬定的書評，讓讀者無法由封面或作者名氣去影響選擇，將讀者的注意力導回到文字本身，重新喚醒我們對閱讀原始的熱愛。或許我們會與理想的書單意外相遇。

這不只是個選書過程，它也是一場跨越時間、空間的閱讀者之間的對話；每位看完書的讀者都被邀請寫下自己的感想和推薦語，與下一位讀者分享，彼此在文字中建立連結。這讓每本書都不再是單一的閱讀體驗，而

與書的盲目約會：將書籍完整包覆，讓讀者以他人的讀後心得「盲選」書籍閱讀。

變成了一段旅程，等待下一位讀者的加入。

在這場與書本的盲目約會裡，每本書都像是一封準備寄出的情書，靜靜等待著與讀者的美麗相遇。讓每位讀者的閱讀之旅充滿驚喜和探索的快樂。

讓生活煥發新光采的「生活索書號」

高市圖不止於典型的教育場所，它更是一個生活平台，一個結合閱讀、靈感、實驗與對話的全新空間。透過自家品牌賣店「生活索書號」，讓閱讀與高雄、生活之間的緊密連結，像是創新設計的「考生系列」文具，以幽默風趣的方式為學生們加油打氣；也有融合了索引、解謎與療癒等元素的「生活解謎書櫃」，幫助你在生活中找到答案。來到「生活索書號」，你會發現閱讀不只是一種學習，更是一種生活的藝術。

跟著圖書館去旅行

來到高雄市立圖書館總館，你不僅能享受閱讀的樂趣，還能欣賞到美麗的建築和城市景致。登上總圖頂樓的新灣花園，可以遠眺高雄港，看著大船緩緩入港的同時，高雄展覽館、旅運中心、高雄流行音樂中心等，亞洲新灣區的幾項重大建設都可一覽無遺。無論是做為當地居民還是旅行者，來到高市圖總館都能讓你沉浸在書香之中，享受愜意的閱讀體驗。同時，周邊還有眾多知名景點，如草衙道、集盒、台鋁、新光碼頭、紅毛港文化園區、玫瑰教堂等，讓旅程更加豐富多彩。

《華氏 451 度》裡曾說：「你需要的不是書，而是某些藏在書裡的東

西。」高市圖總館就是一個蘊藏著無數知識和文化寶藏的地方，帶給你更

多遠不止於書本的寶貴收穫。

帶書本去旅行 ....

◆《動物園的祕密》黃一文／著，遠流出版

◆《雄合味：橫跨百年，包山藏海，高雄 120 家以人情和手藝慢燉的食欲私味》郭銘哲／著，木
　馬文化

◆《大港的女兒》陳柔縉／著，麥田出版

最美的森林圖書館──
屏東縣立圖書館

黑白色系玻璃牆外觀讓讀者走進兩種閱讀世界

memo

- ✉ 屏東市大連路 69 號
- 🚗 ★★★★
- 📞 08-7360330
- 🕐 週二至週六 9：00-21：00，週一及國定假日休館
- 👍 玻璃窗景、喘息服務、石板屋、南國漫讀節、24 小時還書箱及還書得來速全年無休
- 👶 哺集乳室、無障礙電梯、親子廁所
- 📍 千禧公園、屏菸 1936 文化基地、勝利新村、屏東市立復興圖書館、舊鐵橋溼地生態公園、縣民公園共融式遊戲場

跟屬於你的植物建立連結吧！

如果你住城市，在陽台上放個盆栽；

如果你有院子，

打造一座花園或加入社區園地。

　　　　　　　──《尋找母樹》

　　屏東縣立圖書館總館位於占地四萬多坪的屏東千禧公園內，擁有大片玻璃窗景，閱讀的同時就能欣賞

著大自然的綠蔭和陽光。屏東總圖善用周圍的公園和樟樹林，搭配周邊環境，建立了生態池、共融公園、夜間光環境等，為讀者提供書頁之外的探索。

你可以在公園中漫步，不自覺地進入圖書館；當你在館內閱讀時，玻璃牆反射著環繞建築物的樹木景色，即使身處室內，也仿佛置身於室外，光線與綠意在室內完美流動，難怪這裡被譽為最美的森林圖書館，近年來更成為最新的打卡熱點。

整個圖書館以新舊建築交融為特色，舊館是耀眼的白色外觀，新大廳則以黑色為主色調，黑與白在大自然的綠意中形成對比又和諧的搭配。而個性十足的 V 字形柱，以及天花板上交錯形成的三角形和平行四邊形，可以在各個角落看到天窗、窗

上圖：四樓以原民石版屋打造屏東文學區。左圖：提供幼兒短期照顧服務的喘息服務。
右圖：V 型柱呼應三角形的原民圖騰。

孔、夾層和懸吊的大燈籠，這些地方都充滿了三角形的元素。這些設計靈感來自於建築師從排灣族玄黑色石板屋的紋飾中借來，轉化為現代的隱喻圖騰。大廳內還有一個咖啡館和誠品書店，不時在大廳舉辦展覽和講座，吸引了許多不愛進圖書館的人。

貼心的喘息服務

　　屏東縣立圖書館以親切便利為出發點，兒童區有迷你 AI 機器人寶寶，可以做為小朋友的伴讀者，甚至能和他們互動尬舞；更貼心地為有幼兒的家庭提供了喘息服務，館方聘請了專業的幼教老師協助照顧孩子，還有雲門舞集的親子律動等服務，讓父母可以安心放鬆，前往圖書館的其他樓

由外看帷幕為鏡面反射所有的樟樹

層觀賞電影或閱讀心愛的小說，享受片刻寧靜的閱讀時光。

一樓用溫和舒適的原木地板，打造健康無毒的兒童閱覽空間，還特別以孩子的視角為出發點，為兒童與嬰幼兒計了適合他們高度的家具和五感體驗玩具；也貼心地設置了嬰兒車放置專區，讓父母放心地停放嬰兒車，不必擔心占用空間或影響其他讀者。

另一個特色是四樓的屏東文學館，展示了在地作家的手稿和作品、多元文化專區，並與美國在台協會合作，典藏了東南亞等多國語言的書籍。

圖書館職人閱讀處方箋
....
張關評

推薦從屏東火車站出發，前往屏東市區的屏菸 1936 文化基地。屏菸 1936 文化基地是一個展覽與兒童互動設施齊備的地方，讀者可在這裡享受獨特的工業設計風格。接著，前往屏東縣立圖書館，這裡有豐富的書籍資源和 AI 機器人提供遊客探索。同時，不要錯過四樓石板屋的閱讀體驗，讓您感受到獨特的氣質提升。之後，您可以到附近的小公園散步，體驗音樂遊具，然後到勝利新村品味當地的美食和風光。這樣的行程安排能讓您充分享受南國的悠閒氛圍。

24 小時還書得來速，AI 推薦好書

圖書館全館使用 RFID 系統，引進全臺首創智慧還書架及 24 小時還書得來速，自助還書迅速方便。全館查詢的電腦皆為觸碰式螢幕，方便讀者用手寫輸入，能更輕鬆地尋找所需的資訊。

館藏查詢系統搭配 AI 功能，推出智慧閱讀推薦服務，運用大數據技術

分析讀者年齡與借閱紀錄，依據讀者閱讀喜好推薦相關圖書，並提供同類型讀者熱門借閱清單，擴展讀者的閱讀視野。

屏東圖書館為了讓當地人更理解故鄉的地質、氣候、文化、歷史，從屏東人共同的情感與在地記憶出發，讓人更瞭解這塊土地，共同訴說屏東的過去、現在與未來。每年也透過南國漫讀節，結合臺鐵的藍皮解憂號閱讀專車，開展市集、講座與走讀等各式活動，近百位文化人到屏東參與盛事，讓屏東成為一間閱讀城市。

所謂的閱讀，與其聽說，不如到現場好好的體驗，跟著圖書館去旅行，讓閱讀繼續深化在你的生活中。

帶書本去旅行

- ◆《屏東特有種》種籽設計／著，屏東縣政府
- ◆《永遠的院子》小川糸／著，遠流出版
- ◆《讓我安靜五分鐘》吉兒‧莫非／著，維京出版

跟著幾米走讀宜蘭——
宜蘭市李科永圖書館、冬山鄉阿瘦紀念圖書館

宜蘭市李科永圖書館

宜蘭市李科永圖書館以綠色建築和紅磚為特色,由常式建築師事務所設計,設計理念以「圍與迴」為核心。其中的「圍」意象來自宜蘭舊地名「五圍」,而紅磚則是宜蘭的另一文化象徵,由於土質黏度佳,所燒製的紅磚緊密結實、品質優良。因此,圖書館巧妙地運用圍合的意象,結合在地文化產業,讓紅磚牆成為建築的重點元素,以包圍出一個知識和閱讀的場域,

memo **宜蘭市李科永紀念圖書館**

✉ 宜蘭市陽明路 277 號

🚗 ★★★★

📞 03-9355604

🕐 週二至週五 8:30-17:30,週六到週日 8:30-17:00,週一、每月 15 日、國定假日公休

👍 紅磚綠建築、幾米的繪本場景

👫 哺乳室、討論小間、自修室、電梯、WIFI

📍 宜蘭幾米公園、丟丟噹森林公園、蘭陽原創館-宜蘭市文創園區、羅東林業文化園區、宜蘭中興文化創意園區

宜蘭市李科永圖書館外觀

同時象徵著宜蘭的紅磚文化及宜蘭聚落的意象。

　　除了建築特色外，它更是一座以幾米繪本為主題的親子夢幻空間。以幾米繪本《忘記親一下》為場景的藝術裝置，原本位於宜蘭幸福轉運站，現已搬遷到宜蘭市李科永圖書館，走到圖書館後方的戶外草坪，就會發現在社群媒體上廣受歡迎的幸福圖書公車和多座公共藝術裝置，大小朋友都可以與可愛的貓頭鷹一起享受草地上的閱讀饗宴。

　　圖書內部特別值得一提的是 1 樓的幾米親子閱讀區，這裡以幾米繪本《忘記親一下》為場景，設計了階梯式的閱讀空間，黑白色系的佈置營造出寬廣視覺效果。講讀梯台特別設有移動式白色書桌，冬天還提供舒適的坐墊，加上幾米繪本人物陪讀，成為整個圖書館內最大的亮點。這裡不僅適

以幾米的《忘記親一下》為場景，設計了階梯式的閱讀空間。

合親子共享閱讀時光，還可做為小劇場和活動座位區。親子共讀區的規劃突破傳統，讓孩子們置身於書堆中，在玩樂中自然地親近書本。

圖書館 2 樓有個特別的中庭，這個充滿綠意的採光天井，讓中庭成為一處氧氣倉庫，提供讀者能夠與植物一同感受成長氛圍的閱讀空間。這樣的設計也呼應著閱讀對於人內在心靈的滋養與成長。

這些設計在在呼應著規劃者張匡逸建築師提到的，過去的圖書館常被視為書庫，其原型可追溯至古代的泥板和楔形文字。他強調現代圖書館已不僅僅是借還書的地方，圖書館的藏書量也不該是唯一重點，更重要的是在空間經營和軟體經營。地方型圖書館注重結合地方特色，類似一種「地方庄頭廟」的概念，讓它成為地方藝文中心和社區交流的匯聚點，並且貼近當地居民的生活。

跟著圖書館去旅行

跟著幾米走宜蘭，除了李科永圖書館外，宜蘭幾米主題廣場和丟丟噹森林公園是不可錯過的兩大景點，建議親子家庭搭乘火車，一路欣賞幾米的繪本。出站後來到「幾米主題廣場」，體驗繪本中的浪漫場景：《向左走，向右走》的男女主角，以及《星空》中等待公車的小男孩和小女孩。幾米公園各處散落著《地下鐵》的可愛行李廂，絕對能吸引孩子的目光。

同時，丟丟噹森林廣場中的《星空》飛天小火車、《微笑的魚》的中年男子抱著魚缸、《森林裡的祕密》的毛毛兔吹奏著喇叭歡送小火車、《地下鐵》的盲女陪著大家等車等場景栩栩如生，從幾米廣場到丟丟噹廣場，交織出幾米繪本的敘事風景。

冬山鄉阿瘦羅水木紀念圖書館

冬山鄉阿瘦羅水木紀念圖書館是一座綠建築，以紅磚外牆呈現地方發展農業的穀倉意象，外觀美學且充滿創意。頂樓設有傾斜屋頂，具有雨水回收功能。圖書館 1 樓的閱讀書報區，有寬敞的落地窗，閱讀環境明亮。2 樓的「阿瘦真情紀念館」，記錄了阿瘦皮鞋集團創辦人羅水木總裁，從宜蘭開始經商的相關典故，並展示鞋店創業的人事物等歷史文物。

圖書館是一座知識的穀倉，也如同地方庄頭廟一般熱絡而親切。

磚牆立面上的公雞圖樣，象徵雞鳴不已的勤奮。

memo **冬山鄉阿瘦羅水木
紀念圖書館**

- ✉ 宜蘭縣冬山鄉南興村冬山路 98-1 號
- 🚗 ★★★★
- 📞 03-9592426
- 🕐 週二至週五 8:30-17:30，週六到週日
  8:30-17:00，週一、每月最後一日、
  國定假日公休
- 🏷 紅磚綠建築、阿瘦真情故事館
- 👥 哺乳室、討論小間、自修室、電梯I
- 📍 冬山河生態綠舟、鄉政公園共融式遊
  戲場

跟著圖書館去旅行

　　冬山河親水公園擁有寬廣的草坪、自行車道和觀景平台，讓人身心放鬆，感受河畔之美。綠島步道環繞著冬山鄉，沿途可以欣賞山川風光和悠閒農村景致。冬山古蹟區保留了日治時期的建築和文化遺產，如冬山國小和冬山福德祠，是歷史愛好者不可錯過的景點。除此之外，冬山鄉也以米食料理聞名，特別推薦冬山米粉和冬山手工麵線。

　　建議上午參觀羅東阿瘦紀念圖書館，下午遊覽冬山鄉的景點，並品嚐當地美食，一整天下來將讓您充分體驗宜蘭的文化、自然和美食之旅。

帶 書 本 去 旅 行 ....

◆《向左走‧向右走》、《忘記親一下》、《星空》、《地下鐵》、《微笑的魚》《森林裡的秘密》
　幾米／著，大塊文化
◆《宜蘭自然步道 100》黃育智 Tony ／著，朱雀
◆《世界絕美圖書館》株式会社／著，人人出版

親子創客直播書香——
花蓮市立圖書館

直播室提供專業棚燈、攝影機及剪輯設備服務

memo

- ✉ 花蓮縣花蓮市國聯一路 170 號
- 🚗 ★★★
- 📞 03-8361041
- 🕐 週二至週日 8:30-20:30，週一和國定假日公休
- 👍 花蓮旅遊資訊站、自造者教室（創客空間）、網路直播室
- 👶 親哺乳室、無障礙電梯
- 📍 七星潭海岸風景特定區、知卡宣親水公園、D Park 台肥海洋深層水園區、遠雄海洋公園

　　提及花蓮，不得不讚嘆它的壯麗山水。太平洋與中央山脈的交錯，賦予了花蓮許多國際知名的自然美景，如太魯閣國家公園、東部海岸風景區、花東縱谷和玉山國家公園等。

圖書裡的直播室：創客中心

　　這座位於花蓮市中山公園旁的知識殿堂佔地超過五百坪，距離火車站不遠，已四十

多年歷史了。特別的是，三樓有東部圖書館獨有的「直播室」，開放讀者免費預約使用，提供專業棚燈、攝影機及剪輯設備，讓讀者可以即時拍攝、剪輯並上傳影片到網絡。

如果想要製作專屬自己的模型或市面上買不到的小零件，也有自造者教室（創客空間），光固化 3D 列印機、FDM 3D 列印機、多功能熱昇華轉印機、雷射雕刻機、紙藝雕刻機等設備，並透過隨身文具創意應用、雷雕鑰匙圈入門、3D 筆摩天輪創作等創客體驗課程，讓讀者輕鬆入門，而且完全免費，從最基礎的設計開始學習，體驗各種工具，製作出自己專屬的作品。

創客（Maker）不僅是一個名詞，更是一個呼喚每個人探索、創造和連接的過程。它是一個融合了「思考」、「創作」和「分享」的動人旅程，是一個充滿可能性的世界。

為了吸引青少年族群走進圖書館，青少年悅讀區邀請橫掃兩岸三地的漫畫家敖幼祥老師，以烏龍院系列人物結合超過兩千本漫畫書布置主題空間；也積極與國立臺灣圖書館合作，設置「身心障礙區域資源中心」東部據點，致力於強化身心障礙者的數位圖書資源利用計畫。

除了總館，花蓮市區還有兒童分館、樂齡館和洄瀾文創半畫教室，提供不同年齡層的閱讀服務。特別值得一提的是兒童分館，這個專為 0-12 歲讀者和親子打造的圖書館原本是軍方的補給庫，經過重新改建後，變身成

左圖：創意拼布體驗班提供創客 DIY 體驗。右圖：自造者教室提供 3D 列印、Arduino、Scratch 等課程。

為一個充滿生氣的閱讀天地。而兒童分館的內部設計分為「一般童書區」、「英文繪本區」、「中文繪本區」、「網路電腦區」、「電影欣賞區」等，每個區域以明顯的中文與注音標示劃分，繪本區還用作家姓名來分類，讓孩子和家長可以輕鬆挑選喜愛的作品。

跟著圖書館去旅行

首站來到浪漫的七星潭海岸風景特定區，遠眺清水斷崖，讓海風吹走日常的疲憊，夜間可欣賞新城和崇德地區的燈火，區內更有許多景點，提供休憩和知性之旅。

接著，我們轉往知卡宣親水公園，體驗 8 米高旋轉滑水道及衝浪池。下一站來到 D Park 台肥海洋深層水園區，免費參觀臺灣海礦館、泡海洋深層水足湯，還可以餵魚。最後，來到遠雄海洋公園，體驗臺灣第一座以「海洋」為主題的樂園，透過八大主題區、四大表演與各種海洋生物近距離接觸，探索海洋的神祕與魅力。

跟著圖書館去旅行，和孩子一起從書本中走出來，用實際經驗去感受，去學習，去欣賞大自然的美好與豐富多元。

帶書本去旅行

◆《花蓮台東 3 天 2 夜這樣玩最喜歡》曾家鳳／著，墨刻
◆《鐵道‧縱谷‧友人家：遊走花蓮小村小鎮》O'rip 好傢伙／著，天下文化
◆《如何做出爆紅 Podcast ？》艾瑞克‧朱姆／著，墨刻
◆《創客精神》亞當‧薩維奇／著，大塊文化
◆《一學就會的拍片課》史蒂夫‧斯托克曼／著，大家出版

走讀東海岸閱讀南島——
臺東縣政府文化處圖書館

紅磚外牆以層疊的方式展現獨特魅力

　　臺東縣，這塊被譽為「後山」的地方，曾經被認為閱讀文化和藝文活動難以觸及的遙遠角落。但近年來，透過南迴藝術季、縱谷藝術季和東海岸大地藝術季等盛事，讓臺東充滿獨特的活力，吸引許多訪客的目光。這些活動將地方文化、土地和自然融入藝術作品中，讓藝術家、居民和訪客共同情感交流、深入對話。我自己和孩子們最愛的是大地藝術季的「月光・

memo

✉ 臺東縣臺東市南京路 25 號

🚗 ★★★★★

📞 08-9320378

🕐 週二至週日 8:00~21:00，
週六至周日 9:00~17:30，
週一和國定假日公休

👍 南島映像文化、臺東分區資
源中心

👤 哺乳室、討論小間、自修室、
電梯、WIFI

📍 鐵花村音樂聚落、臺東鐵道
藝術村、臺東大學圖書資訊
館、臺東森林公園、國立臺
灣史前文化博物館

上圖：南島映像館藏
特區，右圖：臺東分
區資源中心。

海音樂會」，以自然景觀做為舞台背景去演
出，令人印象深刻。

　　臺東縣政府文化處圖書館的紅牆外觀和
豐富的層次感展現著獨特的魅力，建築上的拱形迴廊更增添了微妙的巴洛
克風情。

　　走進館內，彷彿穿越時空，迎接我們的是一個展現南島風情的閱讀天
堂。圖書館以「南島映像文化」為主題，精心設計了閱讀地圖，引領讀者
踏上探索臺東不同族群文化的旅程。其中的「南島映像館藏特區」集結了
南島文化相關館藏，並在整個圖書館中營造南島映像的閱讀氛圍。此外，
館內還設有主題展示區和影音觀賞區，讓讀者深刻體驗南島族群獨特的生

命情調。

　　臺東縣圖不僅擁有豐富的館藏，每月還推出大量新書，給讀者帶來持續的閱讀驚喜。此外，縣圖還舉辦讓讀者有機會與圖書館互動的活動；例如，每週六舉辦的「童言童語，同在一起」說故事活動，親子們可共享閱讀的樂趣。每週日則有專為兒童設計的線上英語說唱教學節目，讓孩子們在歡樂的氛圍中學習英語。「週三、週六共讀對白好時光」讀書會，提供了閱讀交流和成長的平台，讓每個人都能提升溝通能力，建立良好的互動關係。

來去 7-11 借書吧

　　特別的是二樓的臺東分區資源中心，是「公共圖書館區域資源中心」之一，由教育部委託國家圖書館建置，提供精選的圖書資源。以「文化創意」為主題，館藏涵蓋世界經典、品牌文化、創意介紹、臺灣產業等多個範疇。

　　除了實體圖書外，還提供電子書和平板電腦供讀者體驗與學習。借閱臺東分區資源中心的書籍非常

圖書館職人閱讀處方箋

謝良英科長

「臺東藝文平台」改善過去大眾獲得臺東藝文資訊的管道分散，藉由 Google 建置地圖導覽功能，以臺東限定藝文地圖，整合複雜多元的藝文活動、藝術季展品地點。分區資源中心圖書，可免費預約到 7-11 取貨。

公共圖書館區域資源中心
http://rrc.ncl.edu.tw/

台東藝文平台
https://culture.taitung.gov.tw/

公共圖書館區域
資源中心

臺東藝文平台

便利，只要持臺東縣等縣市公共圖書館借閱證，在「公共圖書館圖書資源共享服務平台」官網上申請借閱全國資源中心館藏，就可以預約超商取貨服務，選擇所在縣市公共圖書館或 7-11 門市取（還）書，輕鬆享受閱讀的樂趣，讓帶著一本書去旅行成為可能。

此外，縣圖致力於推動生活閱讀圈，讓閱讀的觸角延伸至偏鄉的每個角落。透過與偏鄉民眾和民宿業者的合作，「墨客閱讀小棧」應運而生，讓當地社區居民和旅遊者都能輕鬆享受臺東獨特的出版品和優秀圖書。目前已在「都蘭－聚樂山莊」、「關山－穗飽」、「長濱－情人沙灘」和「太麻里－愛咪臥客」等地設置了四個示範據點。

臺東縣政府文化處圖書館以南島文化為主題，深耕臺東的多元文化，為臺東的居民和遊客提供豐富的閱讀資源。這座獨特的圖書館是探索南島文化和臺東之旅的絕佳起點，也是生活中不可或缺的知識寶庫。

跟著圖書館去旅行

臺東鐵道藝術村亦為山海鐵馬道的起點，舊倉庫與候車室目前被改建為臺東公車轉運站與旅遊服務中心，整合了臺東地區的藝文展演活動，鐵道文化及旅遊觀光資訊。鐵花村音樂聚落是臺鐵貨倉宿舍改造而成的熱鬧文創市集，充滿音樂和藝術的氛圍。夜晚，鐵花村的熱氣球燈海點亮了浪漫情懷，展現臺東的在地文化。這裡有音樂聚落、鐵花小舖和假日慢市集等場所，能享受輕鬆自在的氛圍，即使沒有表演，散步在這裡也能放鬆身心，享受大自然的美景。

或者來到臺灣東部唯一的國家級博物館「國立臺灣史前文化博物館」，

是國內首座以史前考古和臺灣南島族群為主題，同時容納考古遺址和自然生態公園的博物館。在這裡，透過史前文物，我們可以知道三萬年前的臺灣島上早已出現人類足跡，同時交織融會了大陸及海洋兩種文化樣貌。

在這趟旅程中，您可以從臺東縣立圖書館開始，深入瞭解南島文化的獨特魅力。然後，您可以前往臺東的山與海，探索大自然的奧祕和美麗。這將是一個豐富、有趣且充滿驚喜的旅行，讓您深深感受到臺東和南島文化的獨特魅力。

帶書本去旅行　. . . . .

◆《歲月靜好》蔣勳／著，時報出版
◆《臺東食育提案所》臺東縣政府／著，臺東縣文化局
◆《五感浪遊。臺東的樣子》蕭裕奇／著，玉山社
◆《臺東的 100 件小事：逛市集、學衝浪、當農夫，一起緩慢過日子》臺東製造／著，四塊玉文創

Chapter

4

回家後的延伸學習

給予孩子自主學習的空間

提供一些從圖書館返家後延伸學習的方式和方法，包括
將圖書館中的資源應用到日常生活中，激發孩子們的創
造力和想像力，並讓家長和孩子們進一步鞏固在圖書館
旅行中學到的知識和技能。

為孩子預備
家庭圖書館的環境

　　雖然圖書館裡擁有許多的圖書資源，也有豐富的活動可以參與，然而閱讀與學習不應該僅僅限於在圖書館進行。隨著家長們與孩子有更多機會去使用圖書館，回到家裡，我們也需要讓自己與孩子的生活空間也能書香滿溢。以下提供幾點建立家庭圖書館的建議。

第一個建議是：布置一個溫馨的閱讀角落

　　家庭圖書館不需要很大的空間，只要能擺放舒適桌椅和小書架的角落就已足夠。**最好要讓孩子參與環境布置，如組裝書櫃，這會讓他對這個空間有歸屬感。**最重要的是，家長在這個角落會固定陪同孩子一起進行共讀，並和孩子常常討論閱讀的內容。

　　另外，可以發揮巧思協助孩子幫助搭建一個室內帳篷，讓他有一個自在閱讀的祕密基地。在這個祕密基地，除了書籍以外，還可擺放一些孩子喜歡的玩具或物品，來增強孩子使用這個空間的意願。**到了小學後，給予孩子一張專屬的書桌，也是有必要的，**養成在書桌上閱讀的習慣。

第二個建議是：從公共圖書館的館藏開始家庭圖書館

　　一開始可以透過公共圖書館所借來的書籍，參考臺中市立圖書館「家家有個小書房」活動來建立家庭圖書館。家長不需要購置上百本或更多的

書來展現你的決心。剛開始，其實 3 ～ 5 本書就綽綽有餘。選擇書籍的主題時，要考慮孩子的興趣，最好盡可能在書架上展示封面，並觀察孩子最常拿起哪些書籍來閱讀，然後每週去增加類似主題的新書籍。讓孩子的閱讀渴望不斷被加深。之後再以購買的方式來保留孩子最喜歡的書，並可隨著孩子的喜好與能力慢慢拓展家庭圖書館。

第三個建議是：將書籍視為最好的禮物

讓所有家人與朋友深刻認識到閱讀對你的家庭很重要。這樣面對即將來臨的生日或節慶，就可針對家人的喜好，贈送好書做為禮物。

家長還可帶著孩子參與圖書館或親友間的好書交換活動，讓家裡書架上的書可以流動更新。另外，也可以用一本書來慶祝孩子的成就里程碑，例如孩子學會了注音符號、學會騎單車等，就送給一本他喜歡的繪本。

第四個建議是：定期調整家庭圖書館

隔一段時間就變換一下家庭圖書館的擺設方式或地點，同時考量孩子的使用習慣，調整桌椅高低、舒適度、燈光等方式。要為孩子創造一個有意義的家庭圖書館，家長首先需要示範自己如何使用這個空間、如何建立閱讀，讓孩子從家長對書籍的熱愛中體驗到閱讀的樂趣。重要的是，保留給孩子一些驚喜，讓孩子在家中可以「偶然發現」好書。

第五個建議是：讓孩子認識圖書分類

家長可以透過圖書館的館藏，讓孩子認識圖書分類的十大類。瞭解圖書分類原理後，讓孩子建立他自己分類圖書的規則，這樣孩子會對家庭圖書館更加有掌握感，進而能好好使用。

國際安徒生獎獲獎者、知名兒童閱讀專家艾登・錢伯斯（Aidan Chambers）所出版的《打造兒童閱讀環境》一書中，提出了令人省思的「閱讀循環」理論。

　　這個循環圈由選書（藏書、近在手邊的書、拿得到的書、陳列方式）、閱讀（閱讀時間、聽故事、自己閱讀），以及回應（我好想再讀一次、讀書會、閒聊），三個環節組成，我們可從閱讀循環理論強調家庭圖書館的重要性。

　　錢伯斯說：「讀者也是由讀者造就的。如果能夠有一位值得信賴的大人為小讀者提供各種協助，分享他的閱讀經驗，那麼孩子將可以輕易地排除擺在他眼前的各個閱讀障礙。一個從不閱讀，或者缺乏閱讀經驗的大人，是難以為孩子提供協助的。」

　　家庭圖書館空間的體貼規劃得好，能減少孩子閱讀的障礙，他們可以發現自己想看的書、自己取得要看的書、自己翻閱書籍，將閱讀的自由與樂趣還給孩子，過程中完全不用仰賴大人的協助。

最後請您一個思考的問題

家中哪一個角落是孩子最喜歡逗留的地方？想想看，如何在這地方規畫一個家庭圖書館。

延伸閱讀

◆《書桌和文具，怎麼活用才好呢？》李高銀／著，小魯文化
◆《父母的語言》Dana Suskind ／著，親子天下
◆《孩子，原來你這麼棒》Andrew Fuller ／著，商周出版
◆《讓孩子自己動手收》EMI ／著，一起來出版

有效運用還書日的
閱讀魔法

有效期限是很有力的時間管理策略，
幫助我們把心思放在要事，而非急事上。

在教養孩子上，如果我們想要解決問題，必須先要發現問題，找到一個好的關鍵問題，往往比它的答案重要一百倍。

在面對養成閱讀習慣這件事上，我們要問的問題，不只是問如何讓孩子養成閱讀習慣，更要問孩子在養成閱讀這件事具體碰到了什麼困難。當你問自己這個問題之後，就會慢慢發現很多時候不是孩子不願意閱讀，而是孩子想要閱讀的意願與時間，會受到他的時間管理能力的限制。

一個不擅長時間管理的孩子，閱讀書籍往往也容易被其他事件打斷，而發生像半途而廢的困難。因此我們可以問：究竟該怎麼做？才能協助孩子在閱讀上做好時間管理呢？

不知道你有沒有這樣的經驗，買了一堆書後，不見得會把每本書都打開來看。然而從圖書館借閱回家的書籍，隨著還書日期漸漸靠近，你會把握時間好好閱讀，而能從閱讀中獲益。

截止日，是一個很重要的時間管理工具。每一個人雖然都有惰性，但

意識到一件事接近截止期限時，會減弱其他事情對自己的誘惑。截止期限幫助我們重新調整自己的時間規劃，專注在重要的事物上，避免拖延所造的後續問題。

可是對於孩子來說，時間管理、設定截止期限，這些都是很抽象的東西。而要讓孩子有所體會，家長就需用視覺化與具體化的技巧來協助孩子。這些技術層面，圖書館其實都有幫大小讀者設想到，具體儀式化的展現就是「到期章」。

許多圖書館都會提供「到期章」，這是一個記錄還書日期為幾年幾月幾日的日期印章。而通常一本書的最後一頁有黏貼註明還書日期的「到期單」，每借閱一本書，在書上的到期單上就要蓋上還書日期。提醒大小讀者每本書的借閱期限，提醒要如期歸還，大部分的圖書館都是設定一本書可以借閱一個月。

到期章給予孩子將知識帶回家的儀式感

不要小看這樣的一個動作，**透過這個感官動作，可以讓孩子們在心中逐步去建立設定截止期限的閱讀魔法。**這一動作更是利用很多孩子都喜歡完成蓋章任務的心理，家長可以盡量鼓勵孩子親自為每本所借閱的書籍蓋上到期章，這正是讓孩子體驗「截止期限」具象化的一個重要環節。

這個動作很有意思，借書過程除了聽到櫃台服務人員的叮嚀，更進一

到期章是孩子體驗「截止期限」具象化重要環節

步是讓大讀者小讀者有意識的，親手透過自己的蓋章行動，再度確認圖書需要歸還的日期。

再來可以運用的具象化策略：就是把還書日期記錄在月曆上。借書回家後，家長可以讓孩子親手在月曆上記錄這次借書需要還書的日期，也可以討論要利用哪些時間來閱讀這些好書。讓孩子在月曆上寫下來或畫上自己喜歡的象徵圖案，也可以用孩子喜歡的貼紙做記號。把這些重要的時間都記錄在月曆，每回看到月曆，親子間就能彼此提醒。

舉個例子來說，假設今天在圖書館裡，孩子借了 8 本書。回家之後就可跟孩子討論：借閱的期限是 30 天，那麼我們應該如何分配閱讀的進度

呢？也許可以每個禮拜閱讀兩本書，固定每個禮拜一到禮拜四的晚上七點到八點進行閱讀。

而每當孩子閱讀一本書時，可先翻到最後一頁的到期單，再跟孩子計算一下，大約還有幾天需要歸還這本書。到了還書的時間，再帶領孩子回顧一下每次借的書籍量，是否都有順利進行閱讀。

這樣操作幾次後，在閱讀的時間管理上，孩子就能做得更好，也更能掌握自己的閱讀能力。

美國知名作曲家艾靈頓公爵（Duke Ellington）說：「我需要的不是時間，而是截止期限。」（I don't need time, I need a deadline.）從取得一本書，閱讀這本書，到完成這本書，家長要協助這整個閱讀歷程，讓孩子潛移默化地習得時間管理。同時，孩子會在不知不覺中學習到成人所給予的示範。

最後給您一個思考的問題

如何運用截止期限在孩子閱讀上，成為一種激勵，而非壓力？

在時間永遠不夠、事情永遠做不完的年代，選擇忙什麼，比忙完所有事更重要，讓我們帶孩子一起探索圖書館世界的閱讀旅程，與孩子一同成長。

延伸閱讀

◆《要忙就忙得有意義》蘿拉・范德康／著，采實文化
◆《怡辰老師的高效時間管理課》林怡辰／著，親子天下
◆《小學生高效學習原子習慣》趙胤丞／著，親子天下
◆《時間管理的 30 道難題》電腦玩物站長 Esor ／著，PCuSER 電腦人文化

專題式的自主學習
從圖書館開始

你不可能教人所有事情，你只能從旁協助他們自我探索。

——物理大師　伽利略

　　傳統的學習是金字塔型的累積，孩子從小需要分學科、分領域地按照課表、行事曆，進行多方面的學習，最後到了大學、研究所才選定特定領域進行學習，教育的過程是先成為通才，再成為專才。

　　閱讀專家柯華葳教授說：「閱讀是一種能力，能力的培養源於興趣與態度。」過去按表操課的過程裡，把一個主題概念的知識或能力，分階段劃分為國文、英文、理化、生物等各學科的逐步學習，這過程並沒有讓孩子體驗到一個真實世界的任務該如何透過跨領域知識，去處理與克服問題。

　　然而就孩子天然學習的傾向，是渴望有意義的建構。因此建議各位家長們先幫助孩子成為特定領域的專才，然後再拓展孩子其他領域的學習。因為優勢會帶來更多的優勢，這正是美國社會學家羅伯特・莫頓所提出的「馬太效應」，這個效應說明不同的人、群體，若已經在名聲、財富或社會地位上有所成就，就會產生一種吸引更多機會的優勢，更輕易獲得更多成功。

我有一個好朋友的孩子小可非常喜歡臺灣羽球國手戴資穎，每回戴資穎比賽時，他總是會放下一切手頭的事情，專注觀看比賽。小可課餘的時間也花費大量的時間練習羽球。而他的媽媽一開始擔心這樣會影響到小可的課業學習，後來發現由於他大量練習羽球，在羽球場上獲得教練與同儕的肯定，而讓學習變得很有目標。某次小可看了國外媒體採訪戴資穎的影片，發現了她的英語表達非常流利，於是小可也將自己的學習重點拓展到英文學科。這個例子說明了當孩子在一個領域的能力受到肯定，就能幫助他建構學習其他領域的渴望。

另外一個例子是世界知名的腦神經外科醫生班‧卡森的故事，卡森從小在貧民窟成長，只有小學三年級程度的媽媽在有錢人家幫傭，她在僱主家打掃時，觀察到這位僱主學識淵博，書櫃的書籍幾乎都閱讀過，僱主的成就似乎與大量讀書有關。

這個發現提醒了卡森媽媽要讓孩子多多閱讀，而不要看太多電視。但他們沒有錢買書，媽媽就叫卡森和他哥哥去底特律公共圖書館看書，並要求兩兄弟每週都要到圖書館借兩本書，看完之後還要寫心得報告給她（即使她看不懂孩子所寫的文字），然後要求孩子唸給她聽。一開始卡森並不情願去圖書館，幸好遇到熱心的館員為他介紹好書，引發他對自然領域的好奇，他就在圖書館瀏覽了所有他有興趣的礦物質、蔬菜和動物等主題的書籍。

有一天，理科老師帶著一塊黑色的岩石來到教室，他問學生：「這塊奇怪的石頭是什麼？」

即使卡森已經從圖書館的書籍中，知道這個石頭的相關知識，被班上許多同學視為傻瓜的卡森，仍然不敢輕易發言。直到所有同學都沉默一段時間，他才鼓起勇氣舉手發言，說出關於這塊石頭的學名與特色。這段發

言讓所有人對卡森刮目相看，也讓他產生了對學習的自信心。進一步把在圖書館取得的閱讀能力轉移到課業的學習。

如此巨大的變化使他的成績逐步從班級第一，到全校第一，再到底特律所有學校第一，然後耶魯大學授予他獎學金，最後被醫學界公認他是世界上最好的兒童神經外科醫生。他是世界第一位成功分離後腦連結的連體嬰手術的醫師，他精湛的大腦半球手術拯救了許多人，甚至成為美國總統的候選人。

聽完以上兩個故事，身為家長的我們，或許可以重新思考「倒金字塔型的專題式」學習法，當孩子對一個領域展現出好奇心時，我們可以引領孩子走進圖書館，讓他們能找到相關主題的所有好書，一本又一本地進行探索，讓孩子逐步在他的興趣領域中成為專家，他會因此產生能力感與自信，就能更進一步拓展到其他領域或學科的學習，也就是先成為專才，再成為跨領域的通才。

最後留給您與孩子的一個小作業

觀察一下孩子最近最關心的話題是什麼？
花一些時間跟孩子到圖書館找找相關好書，也許你會發現孩子蘊藏的豐富潛力。

延伸閱讀

◆《自主學習大未來》Kerry McDonald ／著，木馬文化
◆《專題式學習，從小就能開始！》Sara Lev, Amanda Clark, Erin Starkey ／著，親子天下
◆《天賦妙手》班‧卡森、塞西爾‧墨菲／著，足智文化

一趟親子圖書館的旅程，
卻是學習減法人生的教養轉機

感謝用心的您願意陪伴孩子一起成長，讀到這裡，想必您已經走過幾個的圖書館之旅或是正要開始。透過這些精彩的圖書館旅程，不僅讓親子們更加瞭解彼此，還在這個過程中體驗了一份獨特的愛與連結。

過去的自己由於求好心切，常常因為完美主義，讓自己陷入工作無法收拾的局面，又不懂得紓解壓力，所以慢慢累積到目前有三高的健康問題。身體大小毛病不斷，不時都需要走趟醫院，回診後，才漸漸發現是自己忽略了生活與健康的平衡，還好臺灣的健全醫療制度，讓我透過健康檢查，加上醫生的嚴正警告，可以意識到需要為自己設下停損點，調整生活型態，學習不再把工作帶回家，加上一點點的運動，身體才沒有繼續惡化下去。

雖然身體的大小毛病，都有醫生和醫療機制給予指引和調整，但親子關係的調校，卻沒有一個標準化的健康檢查，也沒有精確數字的回饋，或是透過醫院回診的進廠保養，讓醫生的專業找到疾病的癥結點。

透過偶然的機會，讓我開始瞭解到，每趟圖書館的親子旅程都是重新審視我和孩子關係的機會。重新調整去找到如何校正教養的方向，同時透過不同旅程去瞭解孩子的不同傾向。

當我走向婚姻的旅程之初，有一位智慧的長輩給予了我深刻的忠告：

「如果你想真正瞭解一個人是否適合做你的伴侶，就帶他去旅行。」在那遙遠的旅程上，未知的冒險、錯誤的轉角、新奇的嘗試、意想不到的困難，都成為一個個富有深度的人性考驗，讓伴侶們有機會彼此更加瞭解與扶持。

而今，做為一位圖書館館員和父母，我深刻體會到這個道理不僅適用於伴侶間的關係，更延伸到了親子教育的領域。**旅行中的每一個情節，都變成孩子們與我互動的契機。我的方向感或許不佳，卻因此讓孩子們學會了閱讀地圖、判讀方位的技能。我的健忘，反成了他們學習提醒和負責的鍛鍊場。**

這些旅程中的突發小事件，就像愛的涓涓細流，滋養著我和孩子們彼此間的感情。而圖書館，則是另一個層次的探險場所。在書的世界裡，我們一同發掘孩子們的興趣和渴望，讓他們在知識的海洋中自由航行，讓我們可以在長遠的未來，不必再需要時刻守在孩子身邊。但過去他們在旅行和閱讀所得到的禮物，卻能在關鍵時刻去引導他們，解答他們的困惑，更能讓他們的好奇心不斷拓展，而不喪失對未來的希望。

另外，旅程有時候不僅僅是跨越地域的距離，而是一場內在深度的探索，而旅行中同儕夥伴的力量更是不容小覷。十幾年前，在風頭水尾的彰化縣線西鄉，當身為社工的我，為了進行中輟生的初級預防工作，開始了一個新嘗試：在這鄉下的角落成立第一個社區讀書會。初時的反應是冷漠，甚至有人好奇地來觀看，想要看看怎麼會有人這麼傻，想在線西鄉開讀書會。在困境中，特別針對弱勢家庭，我們結合食物銀行，設立閱讀集點換沙拉油的獎勵機制，讓不同家庭走進讀書會參與交流。

起初的艱辛轉變為一個美麗的開始。因著我們讀書會慢慢有成員願意輪流嘗試分享所愛的好書，夥伴們因為分享開始有了歸屬感。其中有一個爸爸，綽號是螞蟻爸爸，他原本忙於工地，忽略了內在的渴望；他在讀書

會一點一點讀著讀著，漸漸閱讀竟然取代了香菸，成為了他的療癒來源，幫助他戒除了菸癮，填補了內在的空缺，甚至每天都和孩子有聊不完的話題。

家長們，我知道教養的路上充滿焦慮和壓力，我曾經走過，曾經擔心自己有沒有做好每一件事情，然而，當我深入接觸蒙特梭利教育後，**我發現真正的智慧不在於加法，而是在減法；不是不斷做更多自以為對孩子好的事，而是學會覺察孩子，減少在孩子探索過程中的干擾。**

因為當孩子感受到被深深理解時，他們的需求得到滿足，就能夠安心聆聽家長想要傳達的話。學習減法，讓孩子的好奇心得以延展，自主去探

孩子因閱讀而滿足

索這個美麗的世界。我們也從孩子身上學會了愛的流動，從閱讀和探索中找到彼此的共同興趣和目標。

　　親愛的讀者，這本書是我的親子旅行紀錄後的反思。它提醒著我，親子關係的奧祕並不是以數字或次數來衡量，走過幾趟圖書館並不能立刻改變親子關係，真正的轉變來自於共同探索的過程、理解的深入，以及彼此間細膩的連結。

　　想像一下，當我們駕車行駛在高速公路上，透過導航預知前方的車禍或障礙，我們可以及時轉換路徑，尋找順暢的道路。同樣地，親子教育的旅程中，也需要靈活調整，找到那條最合適、最美好的路徑。

　　我衷心期盼這本書能成為你探索親子之旅的新指南，可以和孩子在圖書館的解謎之旅裡，重新發現彼此。在那安靜又豐富的書海中，孩子可以自由探索這個世界，我們也能夠透過書籍的鏡像，重新認識自己，找到教養的真諦。歡迎你可以透過《好好讀你—跟著圖書館去旅行》的官網或 Podcast 參與交流，將不定時提供選書諮詢或學習單等相關回饋。

　　讓圖書館成為一個神奇的交流道，連接了知識、愛與理解。在這一本書的封面下，是我們一家人一起的探險故事。當您面對孩子感到灰心時，請您記得，孩子的笑容、孩子的問題、孩子的探索，永遠都是我們人生最美的風景。

ORID 的旅行提問方法

　　透過 ORID 的提問方法，你可以引導孩子們在談論旅行紀錄時從客觀事實到個人感受，再進一步尋找意義與價值，最後思考未來的行動和改進。這樣的方式能夠幫助孩子們更深入地思考他們的經驗，並促使他們形成有意義的結論和決定。請記得根據孩子的年齡和認知水平進行調整，使問題更容易理解並回答。

　　這些問題設計可以幫助孩子通過四個層次的思考，從旅行觀察到的客觀事實，到內心的感受和反應，再到對應所看到的書和圖書館的意義詮釋，最終引導他們思考未來的行動和計劃。這樣的問題設計能夠鼓勵孩子積極參與對話，並在學習中不斷思考和成長。

客觀事實
(Objective)

觀察外在客觀、事實。瞭解客觀事實的問句

旅行

- 這次旅行的目的地是哪裡？你記得在哪個城市嗎？
- 旅行的日期是從什麼時候到什麼時候？
- 帶了哪些東西去旅行？
- 坐了哪種交通工具去旅行的目的地？搭火車還是坐車或其他方式？
- 在旅行中有沒有去過一些特別的地標或景點？
- 有沒有遇到令人驚訝的事情或有趣的人物？
- 旅行的主要活動有哪些？玩水、爬山……
- 在旅行中遇到了哪些人或事情？
- 有沒有嘗試當地的食物或特色美食？
- 旅行中的天氣如何？

圖書館

- 你在圖書館旅行中看到了哪些有趣的書？
- 你能記得在圖書館裡看到什麼樣的圖書和繪本嗎？
- 圖書館的大門是什麼顏色？
- 你注意到圖書館裡有多少個書架？

| 感受反應
(Reflective)

重視內在感
受、反應。
喚起情緒與
感受的問句 | 旅行
・ 在這趟旅行中，有什麼感到開心、非常興奮的事情？
・ 旅行中你最喜歡的時刻是什麼？可以分享一下嗎？
・ 有沒有遭遇過挑戰或困難的情況？是什麼？你是怎麼克服
　的？
・ 在旅行中，你最開心的一刻是什麼？
・ 有沒有什麼事情讓你感到驚訝或意外？
・ 在旅行中你有沒有交到新朋友？
・ 哪些事情讓你感到不開心或沮喪？
・ 你在旅行中學到了什麼新的事情？
・ 是否有一些事情讓你印象深刻或感動？
・ 你對這次旅行有什麼特別的回憶？
・ 你在這次旅行中感到哪些情緒？

圖書館
・ 在圖書館旅行中，你最喜歡的書是什麼？
・ 在圖書館裡，有什麼地方讓你感到很開心嗎？
・ 看到哪些書讓你感到驚訝或興奮？
・ 你在圖書館裡有找到一本特別喜歡的繪本嗎？ |

| 詮釋意義 (Interpretive)

詮釋意義、價值、經驗。尋找前述意義與價值的問句 | **旅行**
• 你認為這次旅行有什麼重要的意義?為什麼?
• 這次旅行讓你學到了什麼?有什麼新的見解或觀點?
• 你對這些新地方和文化有什麼想法?
• 你覺得這次旅行對你的成長有什麼影響?
• 這趟旅行讓你覺得哪些部分長大了?
• 是否從旅行中有了一個特別的領悟或感受?
• 旅行中的某些事情讓你改變了對什麼事物的看法?
• 你覺得這次旅行讓你更瞭解了自己嗎?
• 這次旅行中的某些事情在你的心中留下了什麼印象?
• 旅行中的哪些事情讓你更懂得欣賞和感謝?
• 這次旅行中的一些經驗和你之前的生活經驗有什麼相似之處?
• 這次旅行中你學到了哪些價值觀或重要的教訓?
• 你認為這次旅行對你未來的生活有什麼啟發?
• 你能從旅行中的某些經驗中找到一些意義或深層的思考嗎?

圖書館
• 為什麼你最喜歡的那本書讓你感到開心?
• 為什麼圖書館的氛圍讓你感到舒服?
• 看到那些圖書,讓你想到了什麼有趣的故事?
• 你覺得圖書館裡的書可以教會我們什麼? |

做出決定 (Decisional) **找出決定、** **行動。** **找出決議和** **行動的問句**	**旅行** • 從這次旅行中，你學到了什麼新的事情，你想要在未來繼續做嗎？ • 如果有機會再去這些地方，你會做些什麼不同的事情？ • 如果有機會再次前往相同的目的地，你會做些什麼不同的事情？ • 你覺得在下次旅行中可以儘量保持什麼態度或心情？ • 如果有朋友要去你這次旅行的目的地，你會給他們什麼建議？ • 基於這次旅行的經驗，你會改變你未來的旅行計劃嗎？ • 你會將這次旅行中的某些想法或經驗應用在其他方面的生活中嗎？ • 有哪些事情是你從這次旅行中學到，可以讓你做出更好的決定？ • 你是否有一些專題或想法，希望能夠更深入探索這些旅行中的主題或經驗？ • 你從這次旅行中得到了哪些收穫，可以幫助你在日常生活中做出更好的選擇？ • 從旅程或圖書館回到家，你最想要做的事是什麼？ **圖書館** • 在未來，你想回到圖書館再借哪一本書？ • 你覺得我們可以怎樣利用從圖書館借來的書？ • 下次去圖書館，你會帶朋友一起嗎？ • 你想要在家裡做些什麼，來紀念這次有趣的圖書館旅行？

ORID 的旅行紀錄表

姓名：＿＿＿＿＿＿＿＿

日期：＿＿＿＿＿＿＿＿

圖書館的聯絡資訊：＿＿＿＿＿＿＿＿＿＿＿＿＿＿＿＿＿＿＿＿＿＿＿

延伸景點：＿＿＿＿＿＿＿＿＿＿＿＿＿＿＿　所需費用：＿＿＿＿＿＿＿＿

感興趣的活動項目：＿＿＿＿＿＿＿＿＿＿＿＿＿＿＿＿＿＿＿＿＿＿＿＿

我看到	
我感覺	
我學到	
我決定	

ORID 的旅行紀錄表

姓名：＿＿＿＿＿＿＿＿＿＿

日期：＿＿＿＿＿＿＿＿＿＿

圖書館的聯絡資訊：＿＿＿＿＿＿＿＿＿＿＿＿＿＿＿＿＿＿＿＿＿＿＿

延伸景點：＿＿＿＿＿＿＿＿＿＿＿＿＿＿＿＿＿＿＿ 所需費用：＿＿＿＿＿＿＿＿

感興趣的活動項目：＿＿＿＿＿＿＿＿＿＿＿＿＿＿＿＿＿＿＿＿＿＿＿＿＿

我看到	
我感覺	
我學到	
我決定	

提供給家長與教師們的各類型主題書單推薦

以下書單是我在國立公共資訊圖書館策畫全國公共圖書館巡迴展或閱讀全壘打等活動的推薦書單，分別都有針對大人及兒童青少年的，另外右頁是國內外的得獎書單，歡迎各位取用！

食農教育
主題書單

環境教育
主題書單

育兒教養
主題書單

生涯規劃
主題書單

原創繪本
創作主題書單

印刷文字概念
主題書單

回味經典主題
書單

人生教練學
主題書單

健康守備
主題書單

疫後新世界
主題書單

未來處方箋
主題書單

夢想向前行
主題書單

金鼎獎

文化部中小學生
讀物選介

北市圖
好書大家讀獎

Openbook
好書獎

教育部
嬰幼兒閱讀選書

信誼幼兒
文學獎

豐子愷兒童
圖畫書獎

公共圖書館
分齡分眾服務網

親子天下
主題書單

凱迪克獎

紐伯瑞獎

香港閱讀城
得獎好書

國家圖書館出版品預行編目資料

跟著圖書館去旅行：全台23個特色圖書館x玩出閱讀素養 ×
成就自主學習/ 洪敦明著. -- 初版. -- 臺北市：商周出版
：英屬蓋曼群島商家庭傳媒股份有限公司城邦分公司發
行, 2023.08
　　面； 公分. --（商周教育館；65）
　　ISBN 978-626-318-826-6（平裝）

1.CST：情緒管理 2.CST：子女教育 3.CST：親職教育

528.2　　　　　　　　　　　　　　　111018308

線上版讀者回函卡

商周教育館 65

跟著圖書館去旅行
全台23個特色圖書館×玩出閱讀素養×成就自主學習

作　　　　者／洪敦明
圖 片 提 供／洪敦明、常式建築師事務所（p185-188）、柯文仁（p190-191）、鄭芳瑜（p193-194）
企 劃 選 書／黃靖卉
責 任 編 輯／彭子宸

版　　　　權／吳亭儀、江欣瑜
行 銷 業 務／周佑潔、賴玉嵐、林詩富、吳藝佳、吳淑華
總 　 編 　 輯／黃靖卉
總 　 經 　 理／彭之琬
第一事業群總經理／黃淑貞
發 　 行 　 人／何飛鵬
法 律 顧 問／元禾法律事務所 王子文律師

出　　　　版／商周出版
　　　　　　　115 台北市南港區昆陽街16號4樓
　　　　　　　電話：(02) 25007008　傳真：(02)25007759
　　　　　　　blog: http://bwp25007008.pixnet.net/blog
　　　　　　　E-mail：bwp.service@cite.com.tw
發　　　　行／英屬蓋曼群島商家庭傳媒股份有限公司城邦分公司
　　　　　　　115 台北市南港區昆陽街16號8樓
　　　　　　　書虫客服服務專線：02-25007718；25007719
　　　　　　　24 小時傳真專線：02-25001990；25001991
　　　　　　　服務時間：週一至週五上午09:30-12:00；下午13:30-17:00
　　　　　　　劃撥帳號：19863813；戶名：書虫股份有限公司
　　　　　　　讀者服務信箱：service@readingclub.com.tw
　　　　　　　城邦讀書花園 www.cite.com.tw
香港發行所／城邦（香港）出版集團
　　　　　　　香港九龍土瓜灣土瓜灣道86號順聯工業大廈6樓A室_ E-mail：hkcite@biznetvigator.com
　　　　　　　電話：(852) 25086231　傳真：(852) 25789337
馬新發行所／城邦（馬新）出版集團【Cite (M) Sdn Bhd】
　　　　　　　41, Jalan Radin Anum, Bandar Baru Seri Petaling, 57000 Kuala Lumpur, Malaysia.
　　　　　　　電話：(603) 90563833　傳真：(603) 90576622　Email：services@cite.my

封 面 設 計／徐璽設計工作室
排 版 設 計／林曉涵
印　　　　刷／中原造像股份有限公司
經 　 銷 　 商／聯合發行股份有限公司
　　　　　　　新北市231新店區寶橋路235巷6弄6號2樓電話：(02) 29178022　傳真：(02) 29110053

■2023年 8 月31日一版一刷　　　　　　　　　　　Printed in Taiwan
■2024年 8 月28日一版2.6刷
定價 450 元

城邦讀書花園
www.cite.com.tw